Capitaine HALLOUIN

LA

JOURNÉE DU 16 AOUT 1870

D'APRÈS

DE RÉCENTES PUBLICATIONS ALLEMANDES

PARIS

LIBRAIRIE MILITAIRE R. CHAPELOT ET Ce

IMPRIMEURS-ÉDITEURS

SUCCESSEURS DE L. BAUDOIN

30, Rue et Passage Dauphine, 30

1901

LA

JOURNÉE DU 16 AOUT 1870

D'APRÈS

DE RÉCENTES PUBLICATIONS ALLEMANDES

Capitaine **HALLOUIN**

LA

JOURNÉE DU 16 AOUT 1870

D'APRÈS

DE RÉCENTES PUBLICATIONS ALLEMANDES

PARIS

LIBRAIRIE MILITAIRE R. CHAPELOT et Cᵉ

IMPRIMEURS-ÉDITEURS

Successeurs de L. BAUDOIN

30, Rue et Passage Dauphine, 30

1901

JOURNÉE DU 16 AOUT 1870

D'après de récentes publications allemandes.

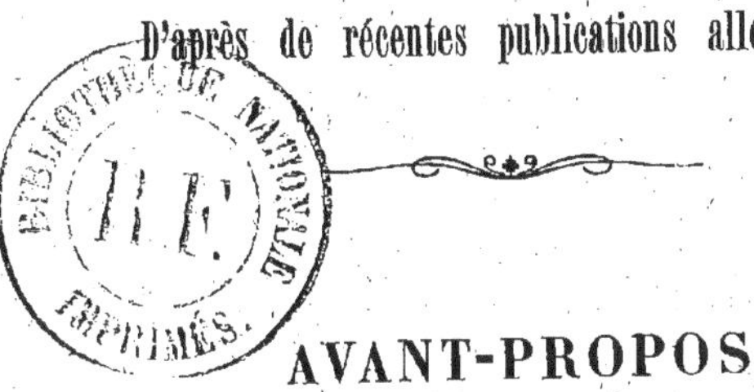

AVANT-PROPOS

Les événements du 14 août ont servi de thème à une étude précédente (1) pour faire ressortir l'état d'esprit qui régnait en 1870 dans l'armée allemande et se traduisait, chez les officiers de tout grade, par une activité de tous les instants, par une initiative poussée parfois au delà des limites de la discipline.

L'objet du présent travail est de retracer la crise de Vionville (16 août), en suivant pas à pas l'évolution de la pensée des généraux allemands, avant et pendant la bataille.

Cardinal von Widdern sera encore ici notre principal guide; mais il est indispensable de compléter les données des *Kritische Tage*, surtout en ce qui concerne l'action du grand état-major, du quartier général de la IIe armée,

---

(1) Capitaine HALLOUIN. — *La Journée du 14 août 1870*, d'après Cardinal von Widdern.

1

et le rôle si important et si curieux du commandant du
IIIᵉ corps (général von Alvensleben). Des recherches ont
été entreprises en ce sens dans plusieurs ouvrages allemands, en particulier dans le fascicule 18 des monographies rédigées par la section historique du grand état-
-major.

LES ARMÉES ALLEMANDES LE 14 AOUT AU SOIR

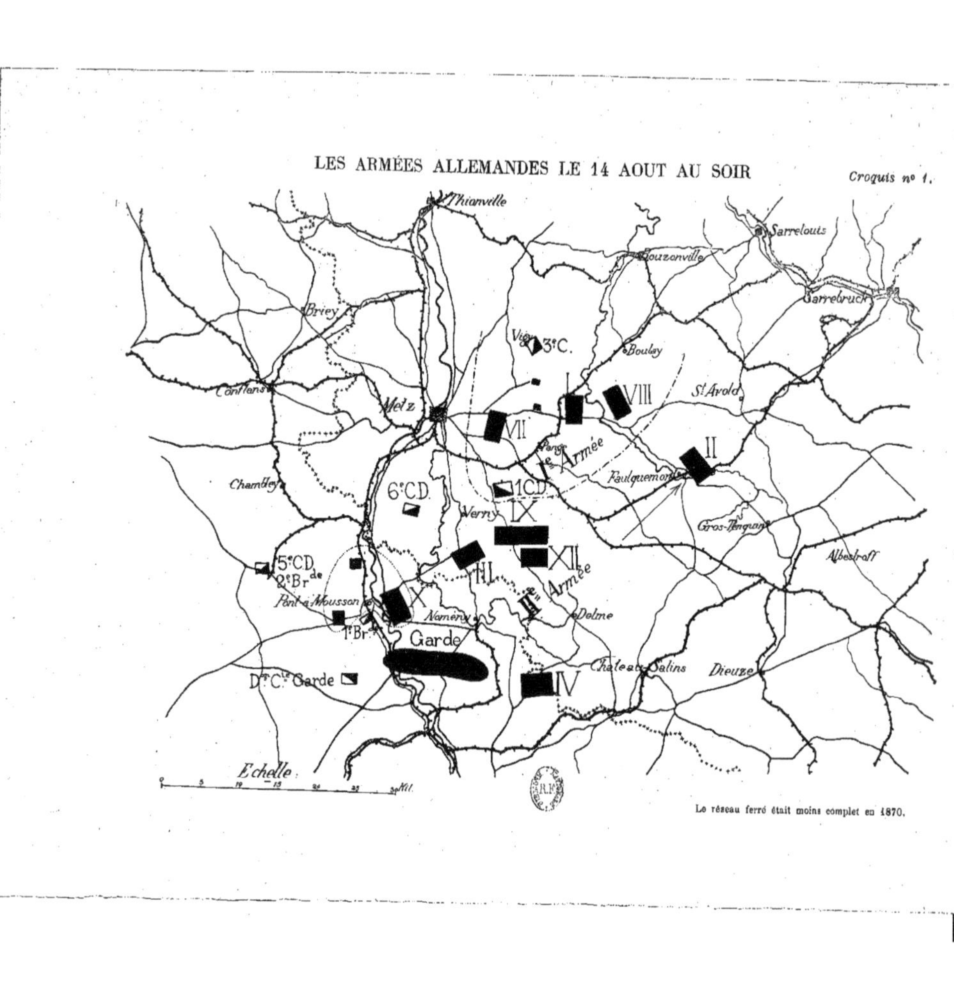

I

AVANT LA BATAILLE

*Au grand quartier général. — Situation d'ensemble des
Ire et IIe armées. — Le 14 au soir. — Journée du
15 août. — Ordres pour le 16.*

Pendant que la Ire armée engageait, le 14 août, un
sérieux combat en avant de la Nied, la IIe armée conti-
nuait son mouvement d'ensemble vers l'ouest. Les corps
d'aile droite liés à la Ire armée parcouraient, ce jour-là,
une faible étape; l'aile gauche, au contraire, allongeant
sa marche, atteignait la Moselle à Pont-à-Mousson et
Dieulouard.

Le croquis n° 1 indique les emplacements occupés, le
14 au soir. Déjà le mouvement général de conversion
à droite commence à se dessiner avec netteté. Le plan
d'opérations des Allemands se développe, suivant une
progression régulière, sans frottements sérieux.

Les difficultés allaient bientôt commencer.

La bataille de Borny n'entrait pas dans les prévisions
du grand état-major. Moltke n'avait encore reçu à son
sujet aucun renseignement sérieux, lorsqu'il expédia,
le 14, à 6 heures du soir, une directive destinée à fixer
de nouveau, en la précisant, la mission attribuée à la
IIe armée.

Les renseignements parvenus au grand quartier général, dans la matinée et l'après-midi, n'éclairaient pas la
situation d'une bien vive lumière. On connaissait la pré-

sence de forces françaises très considérables à l'est de Metz; mais l'adversaire avait-il l'intention de se replier sur Verdun? Voulait-il, au contraire, prononcer contre la Ire armée une vigoureuse offensive? Aucune donnée ne permettait de résoudre le problème avec certitude.

En dépit des recommandations expresses, des objurgations réitérées, la cavalerie se montrait, sur tous les points, d'une excessive prudence. Ses rapports étaient nuls ou insuffisants. Dans ces conditions, Moltke, sans modifier sa conception d'ensemble, ne se crut pourtant pas autorisé à porter toute la IIe armée sur la rive gauche de la Moselle. Il prescrivit aux trois corps de droite (IIIe, IXe, XIIe) de s'arrêter le 15, en serrant sur leurs têtes, et de se tenir ensuite prêts à marcher au premier signal.

Les corps de gauche devaient continuer leur mouvement et franchir la Moselle; mais le général de Moltke réclamait, une fois encore, l'envoi de sérieuses reconnaissances sur les lignes de retraite de l'adversaire. « A cet effet, écrivait-il, la IIe armée poussera, sur la « rive gauche de la Moselle, toute la cavalerie disponible « et la fera soutenir, vers Gorze et Thiaucourt, par les « corps d'armée qui, les premiers, auront traversé la « rivière. »

Moltke a connaissance de la bataille du 14. — Déjà cette directive était expédiée lorsque parvinrent au grand quartier général les premiers renseignements relatifs aux combats livrés par les Ier et VIIe corps, en avant de la Nied française. Un peu plus tard, le lieutenant-colonel von Brandenstein rendait compte de la mission remplie par lui auprès de la Ire armée (voir l'étude sur la journée du 14), et rapportait des détails circonstanciés sur la bataille, les résultats acquis et notre mouvement de retraite en arrière de la ligne des forts.

La situation s'éclaircissait. Les probabilités d'une attaque contre la Ire armée ou l'aile droite de la IIe

allaient diminuant. On pouvait prévoir le mouvement rétrograde des forces françaises vers l'ouest.

Pourtant Moltke, circonspect par tempérament, penche encore pour les moyens prudents; il craint de voir le combat se rallumer dès l'aube et songe à soutenir les corps engagés en première ligne. Ordre est donc donné au général von Steinmetz de faire serrer, à la pointe du jour, tout le VIIIe corps, maintenu, le 14, sur la Nied allemande.

En dépit de cette disposition, la Ire armée, quoique victorieuse, ne paraît pas encore assez forte pour supporter seule le choc des 150,000 hommes du maréchal Bazaine. Le prince Frédéric-Charles est, en conséquence, avisé par le télégraphe d'avoir à laisser jusqu'à nouvel ordre à la disposition du Roi les IIIe et IXe corps, stationnés à proximité du champ de bataille.

Cependant, l'idée de profiter des combats du 14 commence à germer dans la pensée du généralissime allemand, et elle apparaît assez nettement exprimée au dernier paragraphe du télégramme précité : « Il est important de poursuivre sur les routes de Metz à Verdun. »

Moltke sur le champ de bataille.—Nouveaux ordres.— Cette idée se grava avec plus de force dans l'esprit de Moltke, le 15 au matin. Parti de bonne heure d'Herny avec le Roi, il arrivait à 7 heures sur le champ de bataille et ne tardait pas à constater l'évacuation par les Français de toute la région à l'est de la place. En même temps il apercevait en différents points, sur la rive gauche de la Moselle, d'épais nuages de poussière.

Sa pensée passe alors par une phase nouvelle. Grisé par le succès, il se laisse emporter par son imagination, lui si réfléchi d'ordinaire, et adresse au prince Frédéric-Charles un nouveau télégramme dont la première phrase renferme une dangereuse erreur : « Français *complète-* « *ment rejetés sur Metz* et vraisemblablement en *pleine* « *retraite sur Verdun* ».

Il prend d'ailleurs assez rapidement les dispositions nécessaires pour replacer les trois corps de droite de la II⁰ armée sous les ordres du prince Frédéric-Charles et prépare le mouvement ultérieur de la Ire armée derrière la IIe, en adressant directement au VIII⁰ corps, de la part du Roi, l'ordre de se porter à Orny.

Dans la journée du 15, le général de Moltke ne modifie pas sa première appréciation, si inexacte, des résultats matériels et moraux de la bataille du 14. Il l'exagèrera même dans la directive expédiée à 6 h. 1/2 du soir, en vue de confirmer et de compléter les télégrammes lancés à midi.

Les premières prescriptions de cette directive concernaient le rôle assigné à la Ire armée. Le général von Steinmetz avait à maintenir provisoirement un corps sur la Nied, face à Metz, et à porter les deux autres, le 16, entre Seille et Moselle, à Arry et Pommerieux. La mission attribuée à la IIe armée était exposée, non sans exagération, de la manière suivante : « Les conditions dans « lesquelles l'armée du général von Steinmetz a rem— « porté *sa victoire* excluent de sa part la possibilité d'une « *poursuite.* Une offensive vigoureuse de la IIe armée, « sur les routes de Metz à Verdun, permettra seule de « *récolter les fruits de cette victoire* ». Frédéric-Charles était d'ailleurs laissé libre d'agir dans ce sens « d'après « sa *propre conception* et avec tous les moyens dont il « *pouvait* disposer » (1).

---

(1) Le texte allemand porte « mit allen verfügbaren Mitteln » « avec tous les moyens disponibles ». G. G., dans ses *Essais de critique militaire,* édités en 1890, traduit « avec tous les moyens dont il (le prince Frédéric-Charles) dispose ». Cette extension de sens pourrait faire croire à l'idée d'une offensive de *toute* la IIe armée. Il semble que telle n'était pas la pensée de Moltke. Le chef du grand état-major, si l'on veut bien se reporter aux ordres qu'il donna plus tard, dans la journée du 16, n'avait probablement en vue qu'une offensive partielle, avec les corps

LES ARMÉES ALLEMANDES LE 13 AOUT AU SOIR

Croquis n° 2.

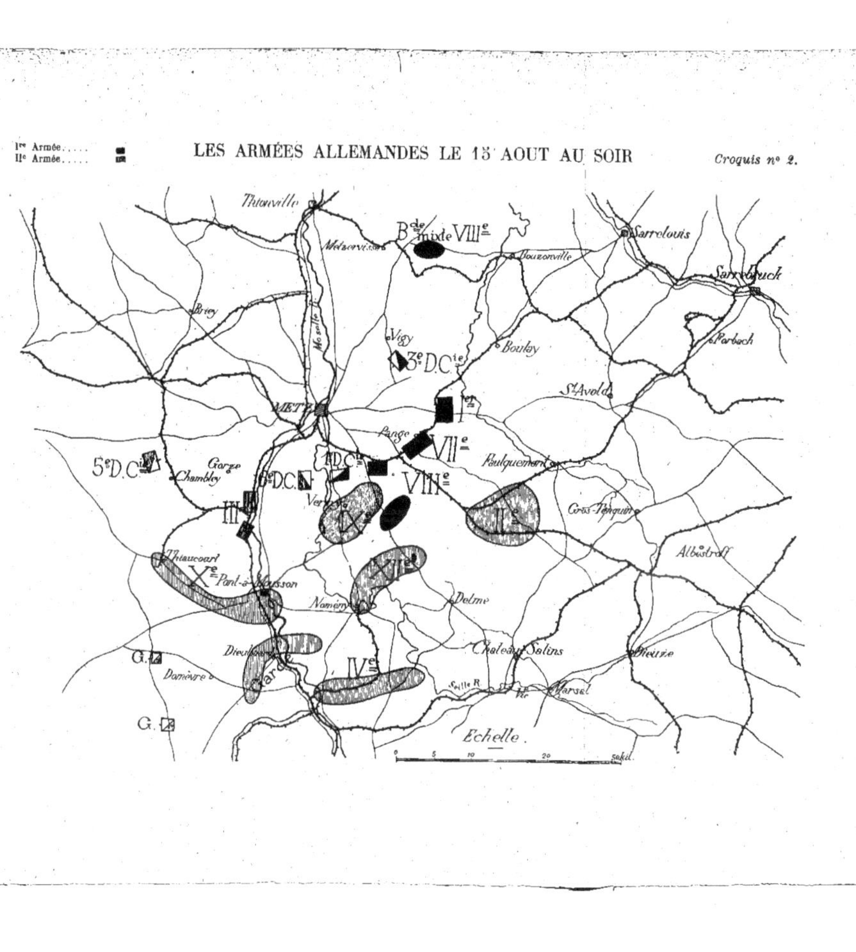

Observations : 1° *Appréciation inexacte des événements.* — En résumé, Moltke prenait ses désirs pour des réalités. Dans son esprit, les combats du 14, engagés à 4 h. 30, terminés à 8 heures du soir, devenaient une véritable bataille décisive. Le mouvement rétrograde, exécuté volontairement par les Français, se transformait en une retraite précipitée.

Passant peu à peu de l'extrême prudence à la confiance la plus absolue, Moltke lâchait le gouvernail au moment de franchir une passe semée d'écueils. Il laissait carte blanche au commandant de la IIe armée, conception dangereuse avec un exécutant actif, entreprenant, avec un impulsif peu enclin de sa nature à faire choix des solutions prudentes, comme l'avait prouvé la manœuvre de Sadowa.

2° *Mouvements mal réglés.* — Les termes de la direction répondaient donc à une appréciation inexacte des faits. En outre, les prescriptions de détail n'étaient pas conformes aux règles de la technique d'état-major et leur inexécution devait fatalement amener de nombreux incidents de marche. En effet, le but assigné aux corps de la Ire armée les conduisait sur les routes de marche de la droite de la IIe armée. Le grand état-major avait, par suite, à régler les mouvements de manière à éviter les croisements de colonnes. Il suffisait pour cela de donner les heures de départ et de déterminer les zones de cantonnement pour la soirée du 16. Mieux encore, on pouvait prescrire à la IIe armée de franchir la Moselle avant une heure déterminée. Il était, en outre, indispen-

---

d'aile droite, contre ce qu'il supposait être une arrière-garde ennemie plus ou moins forte.

Dans tous les cas, l'action divergente des corps d'aile gauche poussés vers la Meuse par le prince Frédéric-Charles n'entrait en aucune façon dans les intentions du généralissime. A ce point de vue, la critique de G. G. est parfaitement justifiée.

sable de prendre certaines dispositions en vue d'éviter l'enchevêtrement des convois et de dégager les routes, et surtout *les ponts*, pour le passage ultérieur des corps de la Ire armée.

Aucun ordre de cette nature ne parvint en temps utile, en dépit des dispositions tardives prises par le grand état-major le 16 au matin. Cet oubli des règles les plus élémentaires devait entraîner de grosses difficultés de marche, un surcroît de fatigue et, par suite, une déperdition de forces sans résultat.

Sans doute, on pourra objecter qu'à la guerre il est malaisé d'éviter les erreurs et les frottements de toutes sortes qui en sont la conséquence. Mais, peut-être, n'est-il pas inutile de faire connaître ces faits, à une époque où l'on tend à regarder les ordres rédigés par les Allemands en 1870 comme des modèles de prévoyance et de précision.

A l'état-major de la IIe armée.

Peut-être aussi les remarques exposées précédemment viendront-elles atténuer, dans une certaine mesure, les critiques adressées couramment aux prescriptions édictées le 15 au soir par le prince Frédéric-Charles. Comme nous venons de le voir, il convient de faire remonter plus haut une grosse part des responsabilités encourues ce jour-là.

L'examen des ordres donnés à la IIe armée le 14 pour le 15 et des modifications apportées dans la journée du 15 aux instructions primitives, serait à coup sûr plein d'intérêt, mais aurait pour conséquence de grossir inutilement une étude déjà longue. Un coup d'œil jeté sur le croquis n° 2 ci-contre, son rapprochement avec le n° 1, indiqueront suffisamment la nature des mouvements exécutés le 15 août par la IIe armée.

Il semble préférable de rechercher les motifs qui déterminèrent le prince à donner pour le 16 un ordre dont les dispositions, examinées après coup, paraissent illogiques et même bizarres.

Ordre général d'opérations pour la journée du 16. — Les nouvelles reçues au quartier général de Pont-à-Mousson, dans la matinée du 15, signalaient l'abandon par les Français de la région à l'est de Metz et la présence de leurs avant-postes à Mars-la-Tour (?) et Gravelotte. On percevait des mouvements de colonnes d'infanterie et des bruits de voitures sur les routes conduisant de Metz à Verdun.

Dans l'après-midi aucun renseignement ne vint corroborer les indications précédentes, bien que des patrouilles et des reconnaissances eussent sillonné le pays pendant toute la journée. Cette lenteur de transmission tenait à des causes multiples, parmi lesquelles il convient de citer, en première ligne, l'affectation des divisions de cavalerie à des corps d'armée déterminés. Employées à une mission de sûreté, ces divisions s'attachaient surtout à avertir, en temps utile, la troupe d'infanterie la plus rapprochée et les quartiers généraux des corps d'armée, sans s'inquiéter, le moins du monde, du commandant de l'armée.

Quoi qu'il en soit, la conception de Frédéric-Charles s'étayait seulement, d'une part, sur les nouvelles de sources diverses parvenues dans la matinée, nouvelles qui signalaient le mouvement rétrograde des Français, et d'autre part sur la teneur du télégramme de Moltke, reçu vers 2 heures de l'après-midi. Aux termes de cette dépêche, l'ennemi, *complètement battu* le 14 au soir, était en *pleine retraite* vers la Meuse (1).

Sur ces données, d'ailleurs concordantes, le comman-

---

(1) La directive du grand état-major, expédiée le 15 à 6 h. 30, n'arriva qu'après l'envoi des ordres du commandant de la IIe armée qui ne furent pas modifiés.

dant de la IIe armée chercha sans doute à reconstituer le
plan français, à deviner les projets de l'adversaire. Mais
il n'est point aisé d'interpréter les renseignements d'une
manière objective. Le prince, suivant la loi générale,
céda inconsciemment à l'influence de son propre caractère jusqu'à prêter à l'ennemi une activité égale à la
sienne. Peu enclin par nature aux calculs approfondis,
cet homme à l'imagination trop vive évaluait mal l'effort
dont son adversaire était capable, voyait déjà les Français le devançant à grandes marches sur Verdun, et
n'espérait plus rencontrer entre Meuse et Moselle que de
simples arrière-gardes.

Même en se plaçant à ce point de vue, il faut reconnaître qu'il se laissa entraîner bien loin à la suite d'une
idée préconçue. Au lieu de se porter vers l'ouest, en
bataillon carré sur un front de 20 à 25 kilomètres, ou
encore en une masse couverte en avant et à droite par
des avant-gardes générales, il éparpilla ses corps en
éventail, comme s'il eût reçu pour mission d'anéantir les
débris d'une armée déjà vaincue.

Avant toute bataille décisive il donnait à son armée
un dispositif de poursuite, dispositif dangereux qui l'aurait exposé à un désastre, en présence d'un adversaire
atteint d'une passivité moins chronique.

Le croquis n° 3 indique, mieux que ne pourrait le faire
une sèche énumération, les emplacements qu'eût occu-
pés la IIe armée, le 16, à l'issue de la marche, si l'ordre
du prince, expédié le 15 *au soir*, avait reçu pleine et
entière exécution. Il montre également la situation de
l'armée française le 16 au matin, en faisant sauter aux
yeux le danger couru par la IIe armée, dont les éléments
séparés les uns des autres étaient dans l'impossibilité de
se prêter un mutuel appui. Ce danger put être conjuré,
grâce à l'initiative de plusieurs commandants de corps
d'armée ; mais il convient d'ajouter, en toute justice, que
le Prince avait su développer cette initiative en laissant

à ses subordonnés une voix au conseil, une part dans
l'action. Au contraire du général von Steinmetz, qui affec-
tait une certaine raideur dans les relations de service,
le grand seigneur, le prince d'extraction royale, profes-
sait à l'égard de ses inférieurs une grande bienveillance,
une exquise urbanité. Ses qualités d'homme et de chef
lui assuraient la confiance absolue et l'entier dévouement
de toute son armée.

Une revue rapide des IIIe, IXe et X^e corps nous mon-
trera comment la pensée du prince était comprise, et au
besoin interprétée par les généraux en sous-ordre.

Le croquis n° 3 indique en gros les zones de stationne-
ment occupées par les autres corps les 15 et 16 au soir.

Le IIIe corps.

1° *Le 14 au soir*. — Le 14 août, à l'issue de la marche,
le IIIe corps stationnait, partie au cantonnement, partie
au bivouac, à Vigny, Pagny-les-Goin, Louvigny, Alle-
mont, couvert dans la direction de Metz par la 6e division
de cavalerie.

Le général von Alvensleben, commandant du corps
d'armée, reçut dans la soirée deux ordres pour la journée du 15, l'un du prince Frédéric-Charles qui lui
prescrivait d'aller à Cheminot, afin de se porter le 16 sur
la Moselle, l'autre du Roi, qui l'invitait à rester sur place,
tout en se tenant prêt à marcher au premier signal.

Le général, en présence d'instructions contradictoires,
ne se pressa pas de dicter sa « disposition », non plus
que de faire trancher le différend. Certain d'être toujours en mesure de faire gagner à temps au IIIe corps
les 7 ou 8 kilomètres qui le séparaient de Cheminot, il
préféra attendre le retour de deux officiers d'état-major,
envoyés par son ordre, à la découverte, dès que la canonnade eut retenti dans la direction du Nord.

Ces officiers rentrèrent au quartier général assez tard

dans la soirée. Leurs rapports et les renseignements fournis par la 6e division de cavalerie ne laissèrent aucun doute à l'état-major du IIIe corps sur l'exécution d'un mouvement rétrograde des Français vers l'Ouest.

Le chef d'état-major, colonel von Voigts-Rhetz, connaissait à merveille les environs de la forteresse. Il savait que l'armée ennemie éprouverait certaines difficultés et, par suite subirait quelque retard, avant de déboucher sur le plateau de Gravelotte. En marchant très vite, on avait des chances pour atteindre ses arrière-gardes.

2° *Le 15 au matin*. — Lorsque le 15, à l'aube, Voigts-Rhetz se présenta dans la chambre de son général, et lui rendit compte des événements, ce dernier l'arrêta dès les premiers mots, se leva sur son séant, et s'écria : « Allons, en route ! »

« Je crus devoir lui faire remarquer, écrit Voigts-
« Rhetz dans ses notes, que nous allions nous mettre en
« opposition avec les ordres formels donnés par le Roi;
« que le corps encourait une grande responsabilité, etc.

« Si le général avait éprouvé la moindre hésitation,
« ce mot l'aurait certainement décidé. Il avait, en effet,
« le *goût des responsabilités*. »

Le général Constantin von Alvensleben, né en 1809, était âgé de 61 ans à l'époque de la guerre. Il avait de brillants états de service. Entré dans la garde comme jeune officier, il revint plus tard dans ce corps d'élite où il commanda un régiment d'abord, puis une brigade, avec laquelle il prit part, en 1866, au combat de Soor et à la bataille de Sadowa.

Mis à la tête de la 1re division de la garde après la guerre contre l'Autriche, il dut quitter sa troupe, au premier jour de la mobilisation, pour remplacer le prince Frédéric-Charles au commandement du IIIe corps. Entre temps Alvensleben servit à plusieurs reprises dans l'état-major et fut même employé pendant une

EMPLACEMENTS HYPOTHÉTIQUES DE LA IIe ARMÉE
LE SOIR DU 16 AOUT

Croquis nº 3.

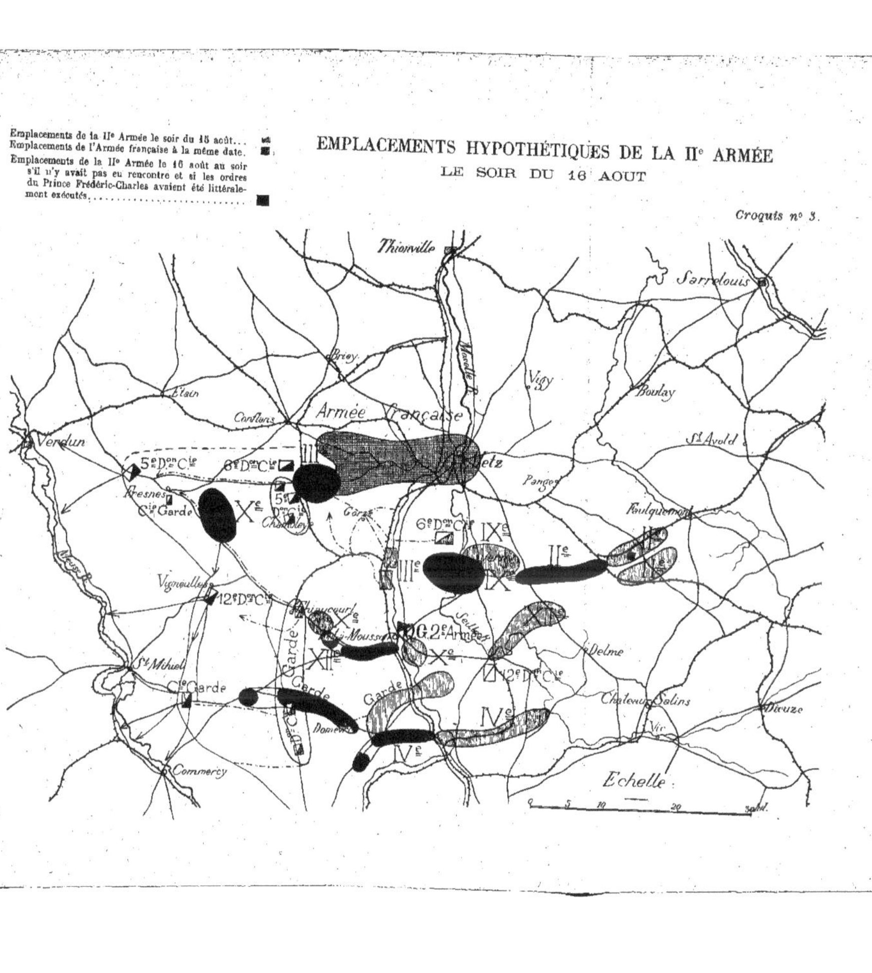

année au ministère de la guerre, où il montra de sérieuses qualités administratives.

Les connaissances du général se multiplièrent, grâce
aux emplois qu'il occupa toujours avec distinction, grâce
aussi à l'étude approfondie des campagnes où il puisa
une saine doctrine. Bon officier d'état-major, il pouvait
voir nettement le but à atteindre et étayer un plan sur
des bases solides. Bon officier de rang, il était capable,
ce qui vaut mieux encore, de poursuivre son but avec
une indomptable énergie. Plein d'initiative, il appliquait
les idées qui lui semblaient justes, sans rechercher l'ap-
probation d'en haut, défendait ses projets et soutenait
ses subordonnés avec une opiniâtreté qui le mettait
parfois en conflit avec ses chefs. Cette intransigeance
d'idées prit, après la guerre, de telles proportions, qu'il
dut se retirer prématurément du service, en 1873. En
1870, il tenait la première place parmi les généraux
prussiens, par l'intelligence et l'énergie. Plein d'allant,
il avait acquis cette conviction que les Allemands
savaient vaincre, mais ne savaient pas profiter de la victoire.

*Alvensleben exécute son projet de marche vers la
Moselle.* — Le IIIe corps était bien placé pour recueillir
les fruits de la bataille du 14. Logique avec lui-même,
Alvensleben résolut de porter ses divisions vers la Moselle, afin de ne pas laisser aux Français le bénéfice
d'une journée d'avance. La note suivante fut aussitôt
rédigée et adressée au commandant de l'armée : « Les
« motifs pour lesquels le IIIe corps devait rester aujour-
« d'hui sur ses emplacements étaient basés : 1° sur l'hy-
« pothèse que des fractions ennemies importantes se
« tenaient encore en avant de Metz, sur la rive droite
« de la Moselle, prêtes à prendre l'offensive ; 2° sur la
« nécessité d'accorder un jour de repos aux hommes,
« après les marches des derniers jours. Les probabilités
« d'une offensive ennemie sont devenues très faibles,

« après la bataille d'hier, et d'autre part, le III° corps
« n'a pas besoin de repos. D'après l'idée maîtresse de
« la manœuvre qui consiste à pousser l'armée au delà
« de la Moselle, j'ai l'intention d'effectuer, aujourd'hui
« même, le passage du cours d'eau, si les reconnais-
« sances prescrites permettent de constater l'existence
« d'un pont à Pagny, ou la possibilité de créer un pas-
« sage aux environs.

Afin de marcher plus aisément et d'être en mesure de
se former plus tôt sur la rive gauche du fleuve, le
III° corps se mit en mouvement sur deux colonnes : à
droite, la 5° division d'infanterie de Vigny à Cerny
(pont de Novéant), par Sillegny ; à gauche la 6° division
d'infanterie et l'artillerie de corps sur Champey, où un
pont de bateaux était en construction. La 6° division de
cavalerie devait couvrir vers Metz et suivre ensuite la
colonne de droite.

Le mouvement fut entamé, sans perte de temps ; mais,
au grand chagrin d'Alvensleben, un ordre écrit du commandant de la II° armée vint brusquement interrompre
la marche commencée, lorsque déjà les têtes de colonne
atteignaient la Seille. Tout en rendant hommage à l'activité et à l'initiative intelligente de son subordonné, le
prince ne se croyait pas autorisé à transgresser les prescriptions très nettes du généralissime, qui réservaient
l'emploi du III° corps. En conséquence, les colonnes
s'installèrent au bivouac, attendant pour avancer l'autorisation formelle du Roi. Elle fut accordée seulement
dans l'après-midi et aussitôt Alvensleben donna l'ordre
de reprendre la marche vers la Moselle.

Les deux divisions s'ébranlèrent à 6 heures. La colonne de droite passa à Novéant, sur le pont fixe. A
gauche, l'infanterie de la 6° division franchit la rivière
sur le pont de bateaux de Champey, mais les armes à
cheval durent faire un détour et passèrent à Pont-à-
Mousson. Tous ces mouvements prirent un temps si

long que les derniers éléments ne purent s'installer au
bivouac avant 2 heures du matin, la 5e division près de
Novéant, la 6e près de Pagny. La 6e division de cavalerie restait sur la rive droite, à Coin-sur-Seille.

3° *Ordres pour le 16.* — Malgré la fatigue des hommes
et des chevaux, Alvensleben, ne recevant aucune nouvelle de la 5e division de cavalerie (1), qui, depuis le
matin, était cependant en contact, conclut à la retraite
rapide des Français et à la nécessité de marcher sans
désemparer.

L'ordre d'armée lui prescrivait de porter, le 16, le
IIIe corps sur Mars-la-Tour ou Rezonville. En conséquence, il dicta la « disposition » suivante : « Demain,
« par ordre supérieur, le IIIe corps ira s'établir à cheval
« sur la route de Metz à Verdun.

« Dans ce but, la 6e division d'infanterie rompra
« à 5 heures du matin et marchera par Arnaville-Onville
« sur Mars-la-Tour. La division fera reconnaître en
« temps utile, par des officiers détachés en avant, l'état
« des chemins, connus seulement d'après les indications
« de la carte.

« L'artillerie de corps suivra à 7 heures.

« La 6e division de cavalerie devra avoir franchi, de-
« main, avant 5 h. 1/2, le pont de Novéant et continuera
« ensuite par Gorze sur Vionville.

« La 5e division d'infanterie suivra la 6e division de
« cavalerie. »

Notre intention n'est pas d'analyser en détail cet
ordre très instructif, qui règle d'ailleurs le mouvement
avec précision. On doit cependant constater que, *dès le*
15, le général Alvensleben aurait pu détacher sa division de cavalerie sur la rive gauche de la Moselle, en se
couvrant vers Metz (rive droite) à l'aide des régiments

---

(1) La 5e division de cavalerie, rattachée au Xe corps, s'était portée
le 15 au matin sur Mars-la-Tour, venant de Thiaucourt.

divisionnaires. De fait, pour avoir négligé cette précaution, il a été privé de tout renseignement, pour ainsi dire jusqu'à la prise du contact par l'infanterie. A-t-il compté sur la 5e division de cavalerie, rattachée au Xe corps? Espérait-il recevoir des nouvelles de Thiaucourt, où cantonnait l'état-major de ce corps d'armée? Quoi qu'il en soit, il convient de tirer de ce cas concret deux conclusions pratiques :

1° En principe, on doit seulement compter sur la cavalerie dont on dispose directement;

2° Un corps doit assurer sa liaison avec les corps voisins, au moyen d'officiers mis au courant de la situation et accompagnés de cavaliers intelligents.

Mais, si l'on veut bien laisser de côté les points secondaires de la question, il faut admirer sans réserve l'entrain et l'initiative dont le commandant du IIIe corps a donné, en ces jours de crise, un si rare et si fécond exemple.

Le Xe corps.

Le chef du Xe corps d'armée ne présentait avec Alvensleben que deux traits de ressemblance bien lointains. Agé, lui aussi, de 61 ans, le général von Voigts-Rhetz s'était signalé, au temps de sa jeunesse, par sa bravoure, son intelligence, sa modestie, ses qualités d'excellent camarade. Employé pendant toute sa carrière à des fonctions d'état-major, il rendit des services signalés, d'abord au Ve corps, puis, en 1866, au quartier général de la Ire armée, où il fut le bras droit du prince Frédéric-Charles. Après cette guerre, on l'affecta au commandement du Xe corps, situation délicate dans une province nouvellement annexée.

Malheureusement, il fut atteint d'une grave maladie en 1869; au début de la guerre, « *il avait déjà dépassé,* dit Cardinal von Widdern, *la limite de sa résistance phy-*

sique et intellectuelle. En 1873, son intelligence s'obscurcit ». Par contre, son chef d'état-major, le lieutenant-colonel von Cáprivi (depuis chancelier de l'Empire), remarquablement doué, usait de la confiance que lui témoignait son chef, pour régler de son mieux les affaires du corps d'armée. Pas n'est besoin de lire longtemps le chapitre consacré par Widdern à l'étude des mouvements du Xe corps, pour se rendre compte que ce chef d'état-major infatigable suppléait de la manière la plus efficace et la plus complète ce commandant de corps d'armée fatigué.

Emplacement du Xe corps, le 15 août au soir. — Le 15 août, dans la soirée, les troupes du Xe corps occupaient les emplacements suivants :

Quartier général à Thiaucourt.

19e division .... { Gros, à Thiaucourt. / Détachement Lyncker, à Novéant. / Deux bataillons, deux escadrons, une batterie (garde du pont).

20e division .... Au bivouac, à Atton.

Artillerie de corps. { Deux batteries à cheval, à Thiaucourt. / Deux batteries légères et deux lourdes, à Atton.

Fractions rattachées au Xe corps .... { 5e division de cavalerie, à Puxieux, Xonville. / Brigade des dragons de la garde, à Thiaucourt.

Ordre de l'armée pour la journée du 16. — L'ordre du prince Frédéric-Charles pour la journée du 16 portait que le Xe corps devait s'avancer vers la route de Metz-Verdun (quartier général à Saint-Hilaire), en poussant le plus avant possible les fractions laissées à Pont-à-Mousson et dans la vallée de la Moselle. La cavalerie avait mission de reconnaître les Hauts de Meuse et les points de passage de ce cours d'eau en amont de Verdun (Dieue et Génicourt). Cet ordre parvint au quartier général du Xe corps, assez tard dans la soirée. La « disposition » du corps pour le 16 fut toute différente.

Le chef d'état-major avait, en effet, reçu un renseignement très important de la 5e division de cavalerie, daté de Xonville, 5 heures après-midi : « D'après une « nouvelle qui me parvient à l'instant, écrivait le gé- « néral von Rheinbaben, des fantassins ennemis s'avan- « cent sur Xonville-Puxieux. Il serait désirable que « l'infanterie fût envoyée de Thiaucourt à Dommartin. « Une reconnaissance me signale des vedettes ennemies « près de Vionville et un *grand camp de tentes de toutes* « *armes en avant de Rezonville.* »

Le contenu et le point de départ de ce compte rendu permettaient de conclure que la route directe de Metz à Verdun était libre, à l'ouest de Vionville, et que l'ennemi, s'il battait en retraite, se retirerait certainement plus au Nord. Il est surprenant que la 5e division de cavalerie n'ait pas jeté en avant des reconnaissances, pour recouper les routes d'Étain et de Briey. Elle eût, du premier coup et sans difficulté, éclairé les Allemands sur la situation vraie. Mais il serait trop long de relever les fautes et de rechercher les causes morales de la mollesse, du manque d'initiative des cavaliers allemands, en 1870.

D'ailleurs, comment la 5e division de cavalerie pouvait-elle croire à l'obligation de fournir des renseignements précis, lorsque le commandant du Xe corps négligeait la précaution élémentaire de transmettre au quartier général de l'armée l'importante nouvelle reçue dans la soirée ?

Modifications aux mesures prescrites par le commandant de l'armée. — Le lieutenant-colonel von Caprivi comprit tout au moins que des modifications à l'ordre d'armée devenaient indispensables. Il se rendit très justement compte de deux nécessités primordiales qui consistaient : 1o à compléter, coûte que coûte, la reconnaissance de cavalerie ; 2o à disposer le Xe corps de manière à pouvoir le diriger au nord ou à l'ouest, d'après les données de cette reconnaissance.

En conséquence, après entente avec son général, il arrêta les dispositions suivantes : La 5e division de cavalerie, au lieu de se diriger vers les Hauts de Meuse, aurait pour mission d'attaquer à la pointe du jour, afin d'en déterminer l'importance, les troupes du camp ennemi, dressé depuis la veille en avant de son front.

Pour le corps d'armée lui-même, il fut décidé que le gros (20e division et artillerie de corps) irait à Thiaucourt, d'où l'on pourrait, à volonté, soit le faire remonter vers Mars-la-Tour pour appuyer le IIIe corps, soit le porter directement sur Saint-Hilaire. En avant du gros, deux avant-gardes, composées chacune d'une brigade mixte, étaient détachées dans les deux directions probables de marche, l'une à Chambley (37e) (1), l'autre à Saint-Hilaire (38e et brigade de dragons de la garde).

Enfin, pour renforcer la 5e division de cavalerie, le chef d'état-major résolut de partir, le 16, avant l'aube, avec les deux batteries à cheval de l'artillerie de corps, sous l'escorte d'un escadron. Il espérait avoir assez d'influence pour secouer la torpeur du général von Rheinbaben et le décider à partir. Il était, d'ailleurs, entendu qu'au besoin, sans attendre d'ordres, il aurait qualité pour prescrire, de lui-même, le changement de direction des colonnes du corps d'armée. Toutes ces dispositions répondaient bien à la situation.

Critique de Cardinal von Widdern. — Widdern critique, il est vrai, le fractionnement du corps d'armée en colonnes très éloignées les unes des autres. Mais ce reproche mérité vise les distances et nullement les mesures d'ensemble. On ne voit pas pourquoi, par exemple, l'avant-garde de Saint-Hilaire n'a pas reçu l'ordre de s'arrêter à Woel, où elle assurait bien le débouché éventuel du corps d'armée au delà de la région boisée. La

---

(1) Le détachement Lyncker devait se porter de Novéant sur Chambley pour y rallier le gros de sa brigade (37e).

brigade de dragons eût, seule, poussé sur Saint-Hilaire, détachant des reconnaissances, pour recouper les routes d'Étain et de Briey. Le lieutenant-colonel von Caprivi, par un jeu de diplomatie subtil, a voulu, sans doute, se conformer à la lettre de l'ordre de l'armée et se ménager la possibilité d'en violer l'esprit. Or, cet ordre indiquait bien Saint-Hilaire comme emplacement éventuel du quartier général du Xe corps. Combien il eût été plus simple et plus franc de signaler simplement au commandant de l'armée les modifications nécessitées par les circonstances ! Par ce procédé correct, on écartait toutes les difficultés et surtout on permettait au prince de prendre les dispositions voulues pour faire appuyer éventuellement sur l'aile droite les corps les plus éloignés de la IIe armée.

Toutefois, l'initiative du Xe corps n'a pas été inutile et si le IIIe corps a été sauvé, le 16, d'un grand danger, il le doit à l'activité, à l'esprit de solidarité qui animaient tous les chefs de l'armée allemande.

Le IXe corps.

« Dans notre armée, s'écrie Widdern, non sans orgueil, si les talents étaient divers, il n'y avait qu'une seule âme ». Les dons de l'esprit et du caractère, en effet, étaient divers ; après Alvensleben, si énergique, d'une intelligence si vive, après Voigts-Rhetz, dirigé par son habile chef d'état-major, voici le soldat brave au feu, dur et brusque dans le service, réglant tous les détails avec minutie, au demeurant bon manœuvrier et fort capable de mener son corps d'armée avec distinction. Manstein, dont les services n'avaient jamais été utilisés dans l'état-major, devait sa haute situation à sa belle conduite, lors de l'enlèvement des lignes de Düppel (1864). Malgré la différence des caractères, il savait, au même degré que ses collègues, agir avec vigueur et prendre au besoin

une initiative qu'il interdisait absolument à ses divisionnaires.

Le IXe corps, le 15 au soir. — Dans la soirée du 15, le
IXe corps, dirigé à partir de midi sur Verny, s'établit au
cantonnement de la manière suivante : quartier général,
Verny ; artillerie de corps, Liéhon ; 18e division, Goin,
Verny, Pommerieux, Silly, Buchy ; 25e division, Pour-
noy-la-Grasse, Orny, Cherisey, Micleuves, Pontoy.

L'ordre du prince Frédéric-Charles, pour le 16, parvint au quartier général de Verny assez tard dans la
soirée. Il spécifiait que le IXe corps aurait à se porter le
16 dans la région de Sillegny, pour continuer, le 17,
derrière le IIIe, par Novéant sur Gorze. Cet ordre, dont
les données étaient d'ailleurs assez vagues, ne satisfaisait
pas le général von Manstein. D'une part, le commandant
du IXe corps s'était rendu compte, dans la matinée du 15,
de notre mouvement rétrograde ; il était, par suite, convaincu de la nécessité de porter rapidement son corps
vers la Moselle et de franchir le fleuve, afin de joindre à
temps l'adversaire.

D'autre part, une considération de nature très différente eut sur sa décision une influence plus grande
encore. Pendant la marche du 15, les colonnes du
IXe corps avaient, à plusieurs reprises, croisé celles du
VIIIe, défilant sur Orny. Il en était résulté des frottements nombreux et une installation assez bizarre des
15e et 16e divisions, dont les bivouacs étaient coupés par
la zone de cantonnement du IXe corps (1).

Manstein redoutait, pour le 16, des difficultés de
même ordre, dont les conséquences menaçaient d'être
beaucoup plus graves, puisque d'après les termes de la
directive de Moltke, les VIIe et VIIIe corps devaient
venir s'établir entre Arry et Pommerieux, s'intercalant

---

(1) Voir le croquis n° 2.

ainsi entre le IXe corps, s'il restait à Sillegny, et le gros de la IIe armée.

Par suite, le général détacha un de ses officiers d'état-major, pour réclamer du prince Frédéric-Charles la désignation d'une route de marche et d'un point de passage spécial de la Moselle. En même temps, de sa propre initiative, il interprétait l'ordre d'armée de la façon la plus large et, tout en laissant son quartier général à Sillegny, il poussait les deux colonnes du IXe corps jusqu'à la Moselle, les têtes à Corny et Arry, les queues à la Seille. Bien loin d'éviter les croisements de colonne, ces modifications à l'ordre du prince allaient les augmenter encore et rendre la marche du 16 extrêmement pénible pour les IXe et VIIIe corps d'armée.

Puisque le généralissime avait négligé de délimiter les zones de marche des deux armées, il eût mieux valu, de concert avec le VIIIe corps, régler les heures de départ et faire le partage des zones de cantonnement pour le 16 au soir. Cette entente, tout en assurant une plus grande rapidité de mouvement, eût évité aux troupes des fatigues inutiles.

Néanmoins, ces modifications apportées, il fut possible de faire serrer, au moment voulu, le gros du IXe corps entre Gorze et la Moselle, et même d'assurer l'entrée en ligne des fractions de tête sur le champ de bataille de Vionville.

RÉSUMÉ.

Un court résumé de ce qui précède est nécessaire pour bien définir les conditions dans lesquelles allait s'engager la bataille du 16. La vigoureuse résistance opposée le 14 par les troupes françaises du 3e corps avait trompé le Grand État-Major allemand sur l'importance matérielle et morale des combats de Borny. Mal renseigné par sa cavalerie, Moltke crut à une victoire

Croquis n° 4.

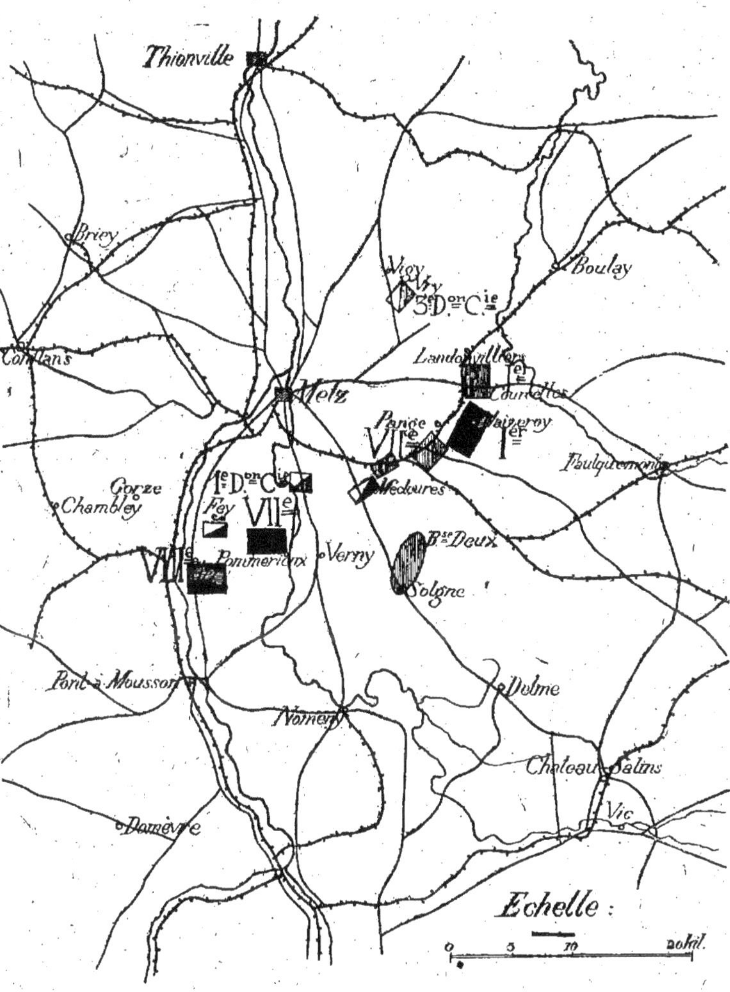

La 1re armée le 15 août au soir . . . . .

La Ire armée le 16 août au soir si les
ordres du 15 avaient été exécutés. . . .

décisive et fit plusieurs fois allusion à la nécessité d'une poursuite immédiate. Ces mots « victoire, poursuite » eurent une singulière influence sur l'âme ardente du commandant de la IIe armée. Le prince interpréta en l'exagérant la pensée du généralissime, et disposa ses troupes comme s'il se fût agi de pourchasser un ennemi déjà en fuite vers la Meuse. Par cette disposition, il exposait à un désordre probable ses corps dispersés et hors d'état de se soutenir mutuellement. Dans tous les cas, il n'entravait guère la retraite projetée par le commandant des troupes françaises, bien concentrées près de Metz et nullement entamées.

Mais Alvensleben sut agir sans perte de temps et arriver au moment opportun, pour obliger les Français à s'arrêter et à faire front. Voigts-Rhetz diminua sciemment l'amplitude du mouvement ordonné pour le Xe corps et se ménagea la possibilité de voler, le cas échéant, au secours de son camarade en danger. Le général von Manstein allongea de lui-même la marche prévue dans l'ordre d'armée : le 16 dans la soirée, le IXe corps put encore serrer sur les deux autres et engager ses avant-gardes.

En somme, dans la journée du 16, une grande bataille allait se développer à l'insu du commandement suprême, et l'initiative des généraux subordonnés devait seule permettre aux Allemands de soutenir la lutte jusqu'au bout.

Mouvements de la Ire armée.

Avant d'aborder le récit de cette lutte, il est nécessaire de rappeler, en quelques mots, les mouvements prescrits à la Ire armée, pour la journée du 16 août.

Le croquis n° 2 donne les emplacements occupés par elle dans la soirée du 15 (1). Rappelons que, aux termes

____

(1) Voir le croquis n° 2.

de la directive de Moltke, la Iʳᵉ armée devait, le 16, placer deux corps entre Arry et Pommerieux, en laissant le troisième en observation devant Metz (Voir le croquis n° 4).

Cette dernière mission fut confiée au Iᵉʳ corps, qui devait ultérieurement être relevé par une division de landwehr. Le VIIIᵉ corps fut invité à marcher en deux colonnes sur Arry et Lorry (départ à 6 heures). Le VIIᵉ corps avait ordre de suivre, en temps utile, formant autant de fractions qu'il existait d'itinéraires distincts, et de s'établir dans la direction de Pommerieux. La 1ʳᵉ division de cavalerie devait se porter à Fey ; la 3ᵉ, entre Courcelles et Micleuves, assurant la liaison avec le Iᵉʳ corps.

Les dispositions de Steinmetz étaient judicieusement prises et la marche de son armée se trouvait réglée avec une précision suffisante. Mais, par suite de la négligence du Grand État-Major, des croisements de colonnes rendirent l'étape fort pénible. Le mouvement s'exécuta dans des conditions déplorables, au prix de grosses fatigues. Le dévouement des officiers et des hommes assura, néanmoins, l'entrée en ligne d'une assez grosse fraction du VIIIᵉ corps sur le champ de bataille de Vionville.

II

LA BATAILLE.

1° Le IIIe corps, de 5 heures du matin à midi.

L'étude du combat engagé par le IIIe corps, bornée
bien entendu à l'examen détaillé des résolutions prises
par le commandement, présente un intérêt de premier
ordre, parce qu'elle nous montre un homme de haute
valeur, aux prises avec les plus grosses difficultés et
dans une des situations les plus tendues qu'on puisse
citer dans l'histoire des guerres.

Dès le 15 août, le général von Alvensleben s'était
décidé, comme nous l'avons vu, à franchir la Moselle
avec tout son corps d'armée. Le 16, de grand matin,
sans tenir compte de la fatigue des troupes, il mettait
ses colonnes en marche sur Vionville et Mars-la-Tour.
Dans les circonstances présentes, il pensait qu'un gain
de quelques heures était précieux, puisque le moindre
retard pouvait permettre à l'adversaire d'échapper à son
étreinte.

En conséquence, dès 5 heures du matin, la 6e division
d'infanterie, suivie de l'artillerie de corps, prenait
d'abord la route de Chambley, puis le chemin difficile
qui conduit d'Onville à Buxières. La colonne de droite
partait beaucoup plus tard. Par suite d'un malentendu,
la 6e division de cavalerie défilait sur le pont de Novéant,
deux heures après le moment fixé, et la 5e division d'infanterie qui devait la suivre ne pouvait se mettre en
marche qu'à 7 h. 1/2, par Gorze sur Vionville.

Le général von Alvensleben marchait en tête de la colonne de gauche, le long de l'étroite vallée du Rupt de Mad. Il n'espérait plus se heurter à d'importantes fractions de l'armée française et comptait seulement couper la retraite de quelques arrière-gardes. Mais son intention bien arrêtée était, dans tous les cas, d'attaquer *à fond, quand même*, afin d'attirer à lui, s'il le pouvait, une partie plus ou moins forte des troupes ennemies supposées en retraite vers la Meuse.

Premiers ordres du général von Alvensleben. — Le général ne tarda pas à recevoir les renseignements des reconnaissances de cavalerie, parties de grand matin. Il apprit ainsi que les Français tenaient, par des avant-postes mixtes, la ligne Tronville—Vionville—bois de Vionville.

Bien que décidé par avance à attaquer, Alvensleben entendait engager l'action avec toutes ses forces réunies. Il résolut donc d'attendre le débouché de sa colonne de droite : « Sur la nouvelle que Vionville est occupée par « les avant-postes ennemis, j'ordonne à la 6e division « de ne pas s'engager et même d'éviter de se montrer, « tant que la 6e division de cavalerie n'aura pas débouché « sur le plateau et ne sera pas prête pour le combat. »

Après avoir dicté cet ordre, le général prend les devants, dépasse les Baraques et s'avance jusqu'à la statue de la Vierge, à 4 kilomètres nord-ouest de Gorze, pour examiner lui-même la situation et le terrain.

« Cet examen, écrit-il dans ses mémoires, fit naître « dans mon esprit une double impression. En premier « lieu, le terrain ne présentait pas d'aspect bien carac-« téristique, au point de vue militaire. En second lieu, « je ne pus noter aucune particularité intéressante, ni « surprendre le moindre mouvement de troupes. Cepen-« dant, au loin, à travers une éclaircie je vis un gros de « cavalerie en marche sur Saint-Marcel. »

Les divisions de cavalerie engagent l'action. — Le

général n'avait point encore achevé sa reconnaissance
lorsque tout à coup le canon se fit entendre sur sa
gauche. La 5e division de cavalerie rattachée au
Xe corps (1) se décidait enfin, sur les instances du lieutenant-colonel von Caprivi, à attaquer les camps français.
Mais le général von Rheinbaben n'avait pas le caractère
assez fortement trempé pour oser profiter de l'effet de
surprise et bousculer des troupes qui ne se gardaient
pas. Il se contenta de mettre en action ses batteries à
cheval. « C'était, dit Alvensleben, donner l'alarme à
« l'adversaire. Ce que l'ennemi n'avait pu apprendre
« par ses patrouilles, il le sut par nous, hélas ! »

Comme la 6e division de cavalerie commettait de son
côté une faute identique en débouchant du ravin de
Gorze, le commandant du IIIe corps aperçut bientôt de
nombreuses fractions françaises qui ne tardèrent pas à
se ressaisir et qui, après quelques instants de désordre,
coururent aux armes. En un clin d'œil les bataillons se
formèrent, et aussitôt après des essaims de tirailleurs
débouchèrent de Rezonville sur Vionville et Flavigny.

Alvensleben cherche à se rendre compte de la situation.
— Les événements qui se déroulaient en avant de
Rezonville firent naître dans l'esprit d'Alvensleben cette
conviction, qu'il avait affaire à de simples arrière-gardes,
que déjà le gros de l'armée ennemie avait effectué sa
retraite et se trouvait hors d'atteinte. Cette conviction
s'étayait encore sur les renseignements reçus le matin
même et sur la présence constatée de la 5e division de
cavalerie aux environs de Mars-la-Tour.

Le général, influencé par les données de l'ordre du
prince Frédéric-Charles, admit aussitôt, sans preuve
suffisante, que l'arrière-garde adverse, surprise en plein
repos, ne tarderait pas à se replier. Il rechercha ensuite

---

(1) La 5e division avait passé la nuit à Puxieux et environs.

la direction qu'elle devait suivre, en bonne logique,
pour se retirer, sa mission terminée. En marchant droit
vers la Meuse, les Français se heurtaient à la cavalerie
allemande qui déjà leur barrait la route. Ils ignoraient
si cette cavalerie n'était pas appuyée par des gros d'infanterie et par suite devaient craindre d'être obligés, le
cas échéant, de se frayer un chemin de vive force.

Leur direction de retraite la plus vraisemblable était
donc vers le nord et, précisément, le général von
Alvensleben avait aperçu, le matin même, une troupe
de cavalerie française qui rétrogradait sur Saint-Marcel.

Une fois sa conviction arrêtée, le commandant du
IIIe corps se fixa immédiatement une tâche à remplir,
dans cet ordre d'idées. Il se décida à pousser l'adversaire l'épée dans les reins et, dans la poursuite, à avancer toujours son aile gauche, afin d'empêcher les
Français d'obliquer vers le nord-ouest, si par hasard ils
en avaient la pensée. Sans hésiter un instant, il dicta
pour le prince Frédéric-Charles le rapport suivant :

Environs de Vionville, le 16, 10 h. 1/2 du matin.

« Camps ennemis à Vionville et Rezonville. IIIe corps
« s'avance réuni aile gauche sur *Jarny*, éventuellement
« *Conflans* (!). 5e division de cavalerie à Mars-la-Tour.
« 6e, Rezonville. L'ennemi se retire sur Thionville (!). »

Ainsi Alvensleben, lui aussi, se laissait emporter par
son imagination. En donnant, dans son rapport, à une
appréciation hypothétique tous les caractères de la certitude, il trompait, inconsciemment, le commandant de
l'armée.

*Mesures d'exécution prises par le commandant du
IIIe corps.* — Il sut du moins prendre, comme exécutant,
des dispositions fort habiles, qui lui permirent de se
rendre compte à temps de l'erreur commise et de la
réparer dans une certaine mesure. Puisque les divisions

de cavalerie se heurtaient à l'infanterie adverse, qui se montrait en nombre au sud de Rezonville, le général résolut aussitôt de faire agir son artillerie et de la faire agir en masse. L'action d'une batterie aussi puissante devait, tout en assurant aux Allemands l'ascendant moral, obliger les Français à adopter des dispositions de défense, à mettre en jeu un grand nombre de pièces pour protéger leurs bataillons, en un mot à marquer un sérieux temps d'arrêt et à montrer leurs forces. En outre, Alvensleben comptait sur les effets produits par le canon, pour frayer la route à ses deux divisions déjà prêtes pour le déploiement.

Entre 10 heures et 10 h. 1/2, toute l'artillerie du corps d'armée, protégée, à droite par des fractions de la 5e division d'infanterie, à gauche par les divisions de cavalerie, formait une longue ligne de pièces qui s'étendait depuis les hauteurs de Tronville jusqu'à la lisière du bois de Saint-Arnould.

L'avant-garde de la 5e division d'infanterie sortie du ravin de Gorze, progressait déjà à travers bois, pendant que la 6e division s'avançait de Buxières sur Mars-la-Tour, en formation serrée.

Situation réelle de l'armée française. — La conception imaginée par Alvensleben pour expliquer la situation d'ensemble était erronée sur presque tous les points. Bien loin d'être en pleine retraite, soit vers la Meuse, soit vers le Nord, les diverses fractions de l'armée française se trouvaient encore, le 16 au matin, étroitement concentrées à quelques kilomètres de la forteresse. L'ensemble avait ordre de marcher sur Verdun, en deux colonnes : à gauche, les 2e et 6e corps, la Garde par la route de Mars-la-Tour; à droite, les 3e et 4e corps par la route d'Étain.

Le 15 au soir, les 2e et 6e corps étaient installés côte à côte, à hauteur du village de Rezonville, l'un au Nord, l'autre au Sud de la route de marche, précédés par la cavalerie vers Mars-la-Tour. En arrière, la garde bivouaquait près de Gravelotte. Le 3ᵉ corps était arrivé à Verneville, sur la route d'Etain ; le 4ᵉ, retardé dans son mouvement, stationnait sous le canon de Metz.

Les mesures de sécurité étaient nulles ou insuffisantes. Les mouvements prescrits, mal conçus, mal réglés, s'exécutaient dans les pires conditions, au prix de fatigues hors de proportion avec les résultats obtenus. Pour permettre aux troupes de prendre quelque repos, le départ pour la marche du 16 fut reculé jusqu'à midi. Cette marche ne devait pas avoir lieu.

Dès 9 h. 1/2 du matin, les troupes du 2ᵉ corps, encore occupées aux travaux du bivouac, furent surprises par une assez vive canonnade. La bataille commençait.

Alvensleben reconnaît qu'il a devant lui toute l'armée française. — Cependant le commandant du IIIᵉ corps allemand constatait, non sans inquiétude, le vaste développement du combat, l'importance toujours croissante du déploiement des Français. La lutte d'artillerie prenait une tournure sérieuse. Les batteries prussiennes, violemment contre-battues par une longue ligne de pièces ennemies, en action sur les hauteurs de Rezonville (1), luttaient sans avantage marqué et subissaient des pertes sensibles. Il était évident qu'on avait devant soi autre chose qu'une simple arrière-garde.

L'heure est venue de prendre une résolution décisive. Mais auparavant, Alvensleben veut se rendre un compte plus exact de l'étendue de la ligne française et se porte à cet effet dans la direction de Tronville. Il croise en chemin le commandant de la 5ᵉ division de cavalerie qui se décide enfin à lui communiquer les précieux renseignements recueillis par ses reconnaissances, la veille et le matin même : « J'ignore, disait Rheinbaben en termi-

---

(1) C'était l'artillerie des 2ᵉ et 6ᵉ corps français qui répondait au feu des batteries ennemies.

« nant, si je suis plus sot que le commun des mortels;
« mais j'ai toujours eu la conviction que l'armée enne-
« mie tout entière était devant moi. Maintenant j'en suis
« certain ».

« Il devait le savoir, déclare, non sans ironie, Alvens-
« leben dans ses Mémoires; car, depuis le 14 *au soir*,
« il se trouvait sur les routes de marche de l'adver-
« saire. »

Le commandant du IIIe corps a nettement défini l'impression qu'il éprouva en cet instant critique : « Comme
« le 15, le but stratégique de toute la campagne se
« dessina clairement à mes yeux. Je fus certain que les
« circonstances justifiaient l'entrée en ligne de mon
« corps d'armée.

« Je ne songeais au Xe corps qu'avec l'idée de me
« replier éventuellement sur lui, si je me décidais à
« livrer une bataille, à front inversé, contre des forces
« supérieures.

« . . . . . Je donnai l'ordre à la 6e division de cesser son
« mouvement sur *Jarny* et de se diriger sur *Vionville*.
« Mon opinion n'avait pourtant pas varié relativement à
« la position que je considérais alors, et que je considère
« encore aujourd'hui, comme la meilleure aux points de
« vue tactique et stratégique (la ligne de hauteurs qui
« s'étend de Mars-la-Tour à Conflans); mais, dans le cas
« actuel, je ne pouvais m'étendre aussi loin. En effet, la
« 5e division s'était déjà engagée; la période des ma-
« nœuvres préparatoires avait pris fin. Il me fallait
« accepter le terrain bon ou mauvais, et *make the most
« of it* (l'utiliser le mieux possible). Or ce terrain m'o-
« bligeait à contrebalancer la disproportion des forces
« physiques par la force morale de l'offensive. »

Le rôle qu'allait jouer le IIIe corps ressort de ce qui
précède, avec une parfaite évidence. Il consistait à enrayer coûte que coûte le mouvement de retraite des
troupes françaises, afin de permettre aux armées alle-

mandes de livrer la bataille décisive entre Meuse et Moselle.

Projet primitif d'Alvensleben. — L'idée première d'Alvensleben fut de barrer de front les routes de Verdun à Metz, en établissant le corps d'armée sur la ligne de hauteurs entre Mars-la-Tour et Jarny. Cette solution présentait ce gros avantage d'obliger les Français à s'ouvrir un chemin de vive force, s'ils voulaient continuer leur marche vers l'Ouest. Il ne s'agissait pas, comme on pourrait le croire, d'exécuter un combat de retraite vers l'Ouest, la droite appuyée au Xe corps, la gauche couverte par la cavalerie, mais de prendre une *position défensive* et de compenser une infériorité numérique marquée par l'utilisation intelligente du terrain. Le commandant du IIIe corps dut bien vite reconnaître que ce premier projet était inexécutable, même en faisant abstraction de l'engagement de la 5e division d'infanterie. Les colonnes débouchant d'Onville et de Gorze ne pouvaient atteindre, en effet, la ligne Jarny—Mars-la-Tour, qu'en défilant devant toute l'armée française, mouvement bizarre et dangereux qui, logiquement, devait aboutir à un désastre.

Nouveau projet. — Puisque sa première solution était inadmissible, le général se voyait forcé de livrer bataille en acceptant, bon gré mal gré, le terrain, somme toute assez favorable, qui s'étendait devant lui. Sa droite pouvait s'accrocher au sol, dans une région couverte de bois ; en avant de sa gauche, les ondulations du terrain se prêtaient bien à l'emploi de l'artillerie et de la cavalerie. Il fallait, il est vrai, attaquer de ce côté pour conquérir les points d'appui nécessaires à l'infanterie ; mais la position du IIIe corps dans le flanc de colonnes françaises très supérieures nécessitait, en tous cas, une offensive vigoureuse pour détourner le gros de l'armée et l'amener à faire front. Cette nécessité primordiale de tromper l'adversaire, en utilisant la puissance morale

de l'action offensive, fut bien comprise par Alvensleben,
qui sut prendre sa décision avec promptitude et l'exécuter résolument.

*Situation critique de la 5e division. Attaque de la
6e division.* — D'ailleurs, les moments étaient précieux.
La 5e division avait, tout d'abord, réussi à progresser
par sa droite dans le bois de Saint-Arnould; mais son
aile gauche, arrivée non sans peine jusque sur la hauteur au sud de Flavigny, fut bientôt vivement pressée
par un adversaire très supérieur et il devint urgent de
la renforcer. Le commandant du IIIe corps envoya aussitôt à la 6e division l'ordre de marcher sur Vionville :

« L'ennemi paraît attaquer vigoureusement le général
« von Stülpnagel. Le général von Buddenbrock (1) va
« s'avancer (sur Vionville), en mettant toutes ses forces
« en ligne ».

Alvensleben refusait de regarder derrière lui, et
conservait en réserve seulement deux bataillons qui
restèrent à Tronville. C'est près de ce dernier village
que la 6e division (2) reçut l'ordre de se déployer. Une
brigade se dirigea aussitôt vers Vionville, l'autre sur
Flavigny. Cette offensive vigoureuse de toute une division, brusquement déployée pour l'attaque et soutenue
par une puissante ligne de batteries, devait évidemment
produire une action immédiate sur les fractions françaises déjà engagées. Le général comptait, avec juste
raison, déterminer un effet de surprise et un mouvement
rétrograde de leur première ligne. En effet, *vers midi,*
l'infanterie allemande tenait définitivement Flavigny et
Vionville, en bonne posture pour protéger la grande

-----

(1) Le général von Stülpnagel commandait la 5e et le général von
Buddenbrock la 6e division.

(2) On rappelle qu'aux termes des premiers ordres, la 6e division se
portait massée des *Baraques* sur *Mars-la-Tour,* pour continuer éventuellement sur *Jarny* et *Conflans.*

ligne d'artillerie qui s'étendait de la hauteur de Vionville au bois de Saint-Arnould.

De midi à 5 heures. Situation du IIIe corps à midi.
— Vers le milieu de la journée, le IIIe corps, après
avoir pivoté sur sa droite, était établi face au Nord-Est;
il barrait dans de bonnes conditions la route de l'Ouest
aux troupes françaises déployées à cheval sur la
chaussée de Mars-la-Tour (1). Les Allemands pouvaient
maintenant espérer que leur adversaire, pour ouvrir un
débouché aux corps d'aile gauche, serait entraîné à
engager encore une partie de son armée et perdrait
ainsi du temps et des forces. Cette idée de toujours agir
par sa gauche semble avoir guidé, sans cesse, Alvensleben, au cours de la bataille du 16.

« Dites à Stülpnagel », disait-il à un officier d'ordon-
nance, vers 11 heures, « que tout en gardant le terrain
« conquis, il ne doit se porter en avant sous aucun pré-
« texte ».

Un peu plus tard, comme on lui reprochait de négliger
la 5e division, le général répondait : « La place du
« médecin est au chevet du malade, et mon malade
« se trouve sur la chaussée de Vionville à Mars-la-
« Tour ». Le médecin employait d'ailleurs d'énergiques
remèdes et montrait une extraordinaire activité.

Une des grandes préoccupations du commandant du
IIIe corps était de conserver l'ascendant moral en agissant toujours. Dans ce but, il n'hésite pas à engager
jusqu'à sa dernière troupe. A midi, il donne à la 6e division de cavalerie l'ordre de charger le 2e corps français
en retraite. Vers 1 heure, lorsque, menacé de front par
la garde et le 6e corps, il apprend qu'une grosse masse
(le 3e corps) s'avance contre son flanc gauche, il prescrit

______

(1) Depuis l'ancienne voie romaine jusqu'au bois de Saint-Arnould,
en passant par *Rezonville*.

au colonel Lehmann (1), accouru au canon, de porter
ses trois derniers bataillons intacts dans le bois de Tronville, pour y devancer l'adversaire, le chasser au besoin
et assurer ainsi à l'aile gauche un solide point d'appui.

*Dangers courus, entre 2 heures et 4 heures, par le
IIIe corps.* — Cependant, vers 2 heures, Alvensleben,
qui luttait contre des forces doubles, voyait avec tris-
tesse ses troupes fondre comme la neige au soleil.

La situation semblait désespérée. En avant, une mince
ligne d'infanterie, sans soutien ni réserves, appuyée par
une ligne de batteries puissantes encore, mais déjà pau-
vres en munitions; en arrière, quelques régiments de la
6e division de cavalerie exténués par une série de
charges meurtrières. Sur la gauche, vers Tronville,
une brigade de cavalerie reste seule encore intacte, à la
disposition du IIIe corps (2). « L'ascendant que les
« troupes avaient su prendre et conserver sur l'ennemi
« allait maintenant décroissant, et l'on pouvait con-
« stater, chez l'adversaire, la préparation de mouve-
« ments offensifs.

« Il n'était pas encore 2 heures.....

« Peu importait, il est vrai, d'enrayer la retraite des
« Français plus ou moins loin, à l'Ouest; mais l'idée
« d'abandonner à l'ennemi ce champ de bataille cou-
« vert de blessés était insupportable » (Alvensleben,
Mémoires.)

Charge de la brigade von Bredow. — Aussi, l'énergique général songea un instant à ordonner la retraite,
mais le découragement n'envahissait pas pour longtemps
cette âme de lutteur. Rompre le combat, c'était donner

---

(1) Le colonel Lehmann commandait la fraction de la 37e brigade
(Xe corps) dirigée le 16 au matin de Thiaucourt sur Chambley.

(2) C'était la brigade Bredow, laissée près de Tronville, pendant que
le reste de la 5e division de cavalerie se portait au Nord du bois de
Tronville pour garder le flanc gauche de la ligne de bataille.

aux Français le temps de se ressaisir et de compter l'effectif du III° corps; c'était, par suite, vouer de braves troupes à une perte certaine. « En de pareils moments », dit excellemment le colonel von Voigts-Rhetz, « l'offensive est le seul moyen de défense ». « Je résolus », écrit de son côté le commandant du III° corps, « de prévenir l'ennemi en continuant l'offensive. J'ordonnai « au colonel von Voigts-Rhetz d'aller vers la brigade « de cavalerie von Bredow...... »

La charge de ces escadrons, menée avec une grande bravoure et un entier dévouement, est trop connue pour qu'il soit nécessaire d'en faire à nouveau le récit. Il suffit d'avoir bien marqué le but poursuivi. Le mot « sacrifice », si souvent employé à propos de cette chevauchée célèbre, n'a jamais été accepté par Alvensleben. Il a toujours déclaré qu'il avait exigé seulement de la *cavalerie*, comme des *autres armes*, un maximum d'efforts et que cette exigence était toute naturelle. « Malheureusement », dit-il, « on n'était plus habitué à « ce genre d'intervention de la part de la cavalerie ».

La charge, dirigée en temps opportun contre les batteries françaises installées sur les hauteurs à l'Ouest de Rezonville, produisit dans l'action un court moment d'accalmie. De 2 h. 30 à 3 h. 30, le III° corps, isolé et épuisé, n'en allait pas moins rester exposé, sans réserve, aux efforts d'un adversaire très supérieur en nombre. La mollesse et l'indécision du commandant de l'armée française le sauvèrent d'une perte certaine. En cet instant critique, alors qu'on attendait avec anxiété l'arrivée du X° corps, Alvensleben, inquiet sur l'issue de la lutte, ne put s'empêcher de s'écrier : « Je suis comme Wellington. — Je voudrais qu'il fît nuit ou que le X° corps se décidât à déboucher ».

L'arrivée du X° corps. — Lorsqu'enfin l'officier envoyé à la découverte revint en toute hâte pour annoncer la bonne nouvelle, si impatiemment attendue, le général lui tendit les deux mains : « Nous allons donc, lui dit-il, gagner le trick. Peu importe qu'il soit assuré par mon partner, pourvu que nous le fassions ».

L'intervention du Xe corps sauvait le IIIe d'une destruction complète. Alvensleben a écrit depuis : « Bazaine pouvait me battre; mais il n'eût pas été « débarrassé de ma présence avant longtemps..... Si « aucun secours n'était venu, je reculais sur Verdun, « tenant la route conquise, en souhaitant que le Xe corps « voulût bien, à droite, couvrir ma retraite ». Affirmation singulièrement osée! La retraite sur Verdun était inexécutable, puisque le IIIe corps ne disposait plus de la moindre réserve d'infanterie, que sa cavalerie était désorganisée et son artillerie dépourvue de munitions. Widdern lui-même reconnaît que la rupture du combat eût présenté, dans tous les cas, des difficultés presque insurmontables. On doit aller plus loin et affirmer que la retraite se fût vite transformée en une fuite désordonnée.

Lorsque des troupes ont supporté un pareil effort, lutté six heures durant contre un ennemi supérieur et perdu leurs meilleurs éléments, tout mouvement rétrograde amène vite, par une réaction naturelle, un profond affaissement moral. Alors les hommes les plus braves cèdent au découragement et à la peur.

Résumé du rôle joué par Alvensleben. — Après l'entrée en ligne du Xe corps, la partie vraiment intéressante du rôle joué par Alvensleben est terminée. Peut-être ne sera-t-il pas inutile de le résumer à grands traits?

Depuis le 15, le commandant du IIIe corps s'est imposé la tâche spéciale de poursuivre l'ennemi battu (?) à Borny, d'enrayer sa retraite, de détruire ses arrière-gardes. De lui-même, le général met son corps en marche et lui fait franchir la Moselle, surmontant, coûte que coûte, tous les obstacles qui se présentent sur son chemin. Le 16, dès l'aube, il poursuit l'exécution de son plan avec une inébranlable fermeté. De bonne heure il comprend qu'une armée tout entière est devant lui, mais il veut la fixer ; dans ce but, il n'hésite pas à prendre l'offensive avec tout son monde et à poursuivre son attaque, pendant six heures, avec une héroïque opiniâtreté. Sans hésiter, alors qu'il n'est pas encore certain de l'appui du X⁰ corps, il jette dans la mêlée sa dernière réserve, ses derniers cavaliers. De tous, au même degré, il exige le suprême effort. Mais lui-même reste sur la brèche, surveille le combat, dicte ses ordres, ne laisse à personne le droit de le suppléer.

Sans doute, le III⁰ corps fut avant tout sauvé par l'inexplicable mollesse du commandement français et l'arrivée si opportune du X⁰ corps. Mais son chef était digne des faveurs de la fortune, car il possédait les qualités essentielles de l'homme de guerre, un rare sang-froid et un caractère vigoureusement trempé. « La « bataille », écrit-il dans ses notes, « n'est pas une « tuerie, c'est une lutte morale ; nous étions les plus « forts ».

2° Le X⁰ corps.

Résumé des ordres donnés pour le 16. — Aux termes de la « disposition » dictée pour la journée du 16, les troupes du X⁰ corps avaient l'ordre d'exécuter les mouvements suivants :

La 19⁰ division devait quitter Thiaucourt à 5 heures du matin et se porter partie sur Chambley (37⁰ brigade), partie sur Saint-Hilaire (38⁰ brigade). Elle constituait de la sorte deux avant-gardes destinées à couvrir la marche du gros du corps d'armée (20⁰ division, artillerie de corps) de Pont-à-Mousson à Thiaucourt.

Les dragons de la Garde partaient de manière à précéder à Saint-Hilaire la 38⁰ brigade, tandis que la 5⁰ division de cavalerie recevait mission d'attaquer, au point du jour, le camp français signalé le 15, à l'ouest de Rezonville.

Pour décider le général von Rheinbaben à prononcer l'attaque prescrite, le lieutenant-colonel von Caprivi, chef d'état-major du corps d'armée, rejoignit la 5e division de cavalerie le 16, de très bonne heure. Il lui amenait, sous la protection d'un escadron, les deux batteries à cheval de l'artillerie de corps.

Les arguments du lieutenant-colonel von Caprivi ne produisirent pas sur Rheinbaben l'effet qu'on en attendait. Il ne se crut pas en état de prononcer une sérieuse attaque et se contenta d'engager, mal à propos, ses quatre batteries, donnant ainsi l'éveil au camp français.

La présence du chef d'état-major du Xe corps sur le terrain de la lutte ne fut pourtant point inutile. Caprivi, avant son départ, avait reçu l'autorisation de prescrire, le cas échéant, les changements de direction nécessaires et disposait, pour transmettre ses ordres, de 5 officiers d'état-major ou adjudants.

Dès que le IIIe corps eut sérieusement engagé la lutte et que la situation fut éclaircie, ces officiers se détachèrent en toute hâte pour amener, sur le champ de bataille, les colonnes du Xe corps qui, toutes, purent intervenir dans la lutte avant 5 heures de l'après-midi.

Résumé des mouvements exécutés, le 16, par les diverses fractions du Xe corps. — Résumons rapidement les mouvements exécutés par chacune des fractions de ce corps d'armée. La 37e brigade s'était mise d'elle-même à la disposition d'Alvensleben, dans la matinée. Elle suivit le sort du IIIe corps. La 20e division et l'artillerie de corps se disposaient déjà à s'installer au bivouac, à Thiaucourt, lorsque, à 11 h. 30, elles furent avisées de la situation. Le général von Kraatz les fit rompre par Chambley sur Saint-Julien. De sa personne, il se portait à Flavigny et ne tardait pas à être frappé de l'extrême ténuité de la ligne du IIIe corps. Il donnait aussitôt l'ordre à 3 bataillons et à 4 batteries de renforcer la 5e division, au gros de continuer vers Tronville.

Mais, sur ces entrefaites, les troupes françaises se montraient de plus en plus menaçantes, et déjà pénétraient dans le bois de Tronville, à l'aile gauche du IIIe corps. La 20e division dut repousser ces tentatives, avant même d'avoir pu se rassembler. Cinq bataillons se perdirent successivement à l'intérieur du couvert ; à 5 heures, il restait seulement 4 bataillons frais. Le général von Kraatz n'était plus en état d'appuyer sérieusement l'attaque tentée à la même heure par la 38e brigade.

Par suite d'un retard dans la transmission des ordres, cette dernière était partie de Thiaucourt, un peu après 7 heures. A 11 heures, elle arrivait à Saint-Hilaire et bien que le canon se fît distinctement entendre, le général von Schwartzkoppen prescrivit d'installer les troupes au bivouac, de placer les avant-postes et de faire la soupe (1).

En dépit de l'exemple donné par le général commandant les dragons de la Garde qui, dès 10 h. 1/2, conduisait sa cavalerie sur le champ de bataille, la demi 19e division ne fut mise en marche qu'à midi, sur un ordre du commandant de corps d'armée prescrivant de la diriger sur Chambley.

Schwartzkoppen ne se conforma pas à la lettre de cet ordre et préféra prendre la bonne route qui conduit à Mars-la-Tour, avec l'idée d'attaquer l'aile droite française qu'il supposait (?) dans cette direction. « On se met en route, écrit Hœnig, plutôt en courant qu'en marchant », mais en chemin, les renseignements se succèdent très divers et la brigade, formée en ordre semi-déployé, oscille à chaque nouvelle information, obliquant sur Tronville, puis se redressant vers Mars-la-Tour, et

____

(1) L'état-major de la 19e division (général von Schwartzkoppen) et deux batteries, marchaient avec la 38e brigade.

cherchant en vain le point d'appui d'*aile droite* de l'armée française.

L'attaque se produisit vers 5 heures, sur des données inexactes, entre le bois de Tronville et la ferme de Gréyère. La brigade, mal orientée, mal disposée, vint se heurter à la division de Cissey, du 4e corps (1), qui lui infligea un échec grave. Les débris des bataillons allemands eurent à peine le temps de s'enfuir, partie vers Tronville, partie vers Thiaucourt.

Observations. Défaut d'unité dans l'action du Xe corps. — En résumé, ce qui frappe dans l'action du Xe corps, c'est le défaut d'unité, le manque de coordination des efforts. Sans doute, ses colonnes, séparées les unes des autres, accourant au canon par des chemins différents, avaient peu de chances de se rejoindre à temps, pour agir de concert sur le champ de bataille. Mais, à côté de cette cause principale, il en est une non moins importante qui s'est fait sentir jusque dans les engagements des unités d'une même colonne. Cette cause, qui réside dans la faiblesse du commandement supérieur, ressort de l'attitude même du général von Voigts-Rhetz, au cours de cette journée. Le 16, à 7 heures du matin, il quittait Thiaucourt pour prendre la tête de la 19e division, en marche sur Saint-Hilaire. Arrivé à Wœl vers 9 h. 1/2, il abandonna brusquement la colonne pour se porter sur Jonville. Pourtant, le canon ne s'était pas encore fait entendre, contrairement aux affirmations de l'*Historique du Grand État-Major*. Le motif de sa détermination était tout différent. Depuis le matin, Voigts-Rhetz marchait en silence et semblait en proie à une vive inquiétude. « Je pensai, dit le major « Gebhardt, alors officier d'état-major, depuis général-

---

(1) Le 4e corps français venait prolonger la droite du 3e, qui se trouvait placée au nord du bois de Tronville.

« lieutenant, je pensai qu'il était souffrant et me permis
« de lui adresser une question à ce sujet.

« Le général répondit qu'il était seulement fâché
« *d'avoir permis à Caprivi de rejoindre la 5e division de*
« *cavalerie*. Il craignait qu'il ne lui arrivât malheur. »
C'est pourquoi, n'y tenant plus, il quitta bientôt la route
de marche et se mit à la recherche de son fidèle con-
seiller. Il débouchait à peine de Jonville, lorsque la
canonnade se fit distinctement entendre vers Rezonville :
« C'est Caprivi, s'écria-t-on autour de lui. » — « Non
pas, répondit-il, c'est le IIIe corps qui est aux prises
avec les Français. »

Était-ce le souvenir des conversations tenues le 15
avec son chef d'état-major ? Était-ce réveil de l'instinct
militaire chez cet homme fatigué ? Quoiqu'il en soit, il
songea aussitôt à soutenir les fractions engagées et, à
deux reprises, envoya l'ordre au général von Schwartzkoppen de se diriger sur Chambley.

Puis, il continua sa route vers le champ de bataille,
où, vers 2 heures, il eut enfin la satisfaction de retrouver
son chef d'état-major. Après examen de la situation, il
fut décidé entre eux qu'en principe le Xe corps prendrait
l'offensive pour en imposer à l'ennemi. Le moyen le
plus simple et le meilleur pour atteindre ce but consistait à combiner l'action des généraux von Kraatz et
von Schwartzkoppen. Par un heureux hasard, ils allaient
déboucher, presque à la même heure, sur le champ de
bataille.

La faute commise par le général von Kraatz, qui ren-
força sans utilité l'aile droite du IIIe corps, la nécessité
de reprendre, coûte que coûte, le bois de Tronville,
comme le demandait Alvensleben, en un mot des circonstances malencontreuses, ne permirent pas de mettre
ce projet à exécution.

Widdern exagère sans doute, lorsqu'il affirme qu'une
action d'ensemble de tout le Xe corps s'ébranlant, vers

4 h. 30, des environs de Tronville pouvait, par l'effet
de masse, amener la *décision*.

Quoi qu'il en soit, on est frappé, en étudiant la bataille
du 16, de la différence des rendements obtenus par le
IIIe corps, qui donna avec ensemble, et le Xe corps, qui
s'émietta, se fondit pour ainsi dire goutte à goutte.

Manque de précision dans les ordres. — La dispersion
des efforts de la 20e division, les hésitations dans la
marche de la 38e brigade, pouvaient être évitées par
l'envoi d'ordres précis, émanant de l'état-major du corps
d'armée. Il ne suffisait pas d'écrire à Schwartzkoppen :
« ...... Kraatz approche du champ de bataille. Divi-
« sion de cavalerie à l'aile gauche. — Dirigez votre
« attaque contre l'aile droite ennemie ». On devait indi-
quer où était cette aile droite et, si on l'ignorait, la faire
reconnaître par la nombreuse cavalerie dont on disposait. Il fallait aussi marquer au général von Kraatz le
point où il devait amener sa colonne et la grouper. Ce
manque de précision dans les ordres s'aggravait encore,
lorsque le général von Voigts-Rhetz et le lieutenant-
colonel von Caprivi agissaient sans se concerter à
l'avance.

C'est ainsi qu'au moment où se débandèrent les débris
de la 38e brigade, Caprivi détacha des officiers pour rallier les fuyards et les ramener à Tronville, alors que le
commandant du corps d'armée avait fixé, dans la matinée, Thiaucourt comme direction de retraite. L'erreur
fut, il est vrai, assez vite réparée. Elle causa pourtant
dans l'infanterie de la 38e brigade, déjà si éprouvée, un
surcroît de fatigues et une nouvelle déperdition des
forces morales.

Telle est la grosse critique qu'on peut adresser au
commandement supérieur du Xe corps. Avant de termi-
ner, il reste encore à élucider une question qui a donné
lieu, en Allemagne, à de nombreuses controverses.

Schwartzkoppen devait-il marcher au canon à 11 heures

du matin? — Le général von Schwartzkoppen devait-il marcher, de lui-même, au canon, à 11 heures du matin ? Widdern expose, sans conclure, les opinions en sens contraires, exprimées à ce sujet par le général von Scherff, qui appartenait à l'état-major de la 19e division, et par Hœnig, ancien adjudant dans l'un des régiments de la 38e brigade.

Von Scherff fait observer que la canonnade entendue pouvait provenir du fait de simples arrière-gardes ennemies ou encore des troupes laissées à Metz. La 38e brigade, qui formait l'avant-garde du corps d'armée dans la direction de Verdun, ne devait donc se porter au secours du IIIe corps, qu'au reçu de renseignements précis sur la situation. En négligeant cette précaution, elle s'exposait à perdre un temps précieux dans l'exécution de faux mouvements. Il était logique d'arrêter la brigade en formation d'attente. On profita, il est vrai, de cette halte, pour faire la soupe ; mais, à la guerre, c'est un soin qu'on doit prendre toutes les fois qu'on peut. Tant pis s'il faut renverser les marmites.

Opinion de Hœnig. — Le général von Schwartzkoppen, répond Hœnig, ne trouvait pas l'ennemi sur la route de Verdun, mais entendait la canonnade en arrière et à droite ; donc, il devait marcher dans cette dernière direction. Il prenait mal son temps, en prescrivant aux troupes de faire la soupe et de s'installer au bivouac. Au surplus, les règles les plus élémentaires étaient méconnues. On ne se reliait pas à la 37e brigade détachée à Chambley ; on n'envoyait de patrouilles ni sur la route de Verdun, ni sur celle d'Etain. On ne cherchait donc même pas à voir et à se renseigner.

En résumé, le général von Schwartzkoppen, en n'agissant pas, a commis une grave erreur.

Conclusion. — En dépit de leur forme sévère, les arguments de Hœnig paraissent plus sérieux que ceux de von Scherff, qui ne sont qu'un long plaidoyer *pro domo*. Sans doute, la première précaution à prendre consistait à s'éclairer, à rechercher, dès le matin et à tout prix, des renseignements précis ; mais, en attendant, il fallait au moins se tenir prêt à marcher et ne pas installer les troupes au bivouac et l'état-major *au cantonnement*, avec l'intention manifeste de rester sur place, alors qu'on entendait, à l'Est, une violente canonnade.

On peut même aller plus loin et affirmer que la présence d'une importante partie de l'armée française près de Metz pouvait se déduire, avec une grande probabilité, de l'intensité même de la lutte d'artillerie dans cette direction et de l'absence constatée de tout parti ennemi sur la grande route de Verdun. A vrai dire, comme le fait remarquer Cardinal von Widdern, la règle qui consiste à marcher au feu n'a pas la portée d'un principe inviolable et ne peut, en aucun cas, servir à excuser la paresse intellectuelle de certains chefs.

Il semble cependant que les événements justifiaient, de toutes façons, la marche vers l'Est des troupes du général von Schwartzkoppen.

Par contre, la brigade de dragons de la Garde pouvait mieux faire. Les renseignements qu'elle se fût procurés en occupant les routes d'Etain et de Briey, eussent été plus utiles, à coup sûr, qu'un simple renforcement en cavalerie sur le terrain de l'action.

A la guerre, il n'est point de loi qu'on ne doive amender, d'après les circonstances.

Caractère général des opérations du Xe corps. — Pour conclure, il y a lieu de répéter qu'on chercherait en vain, chez le commandant du Xe corps et ses subordonnés, l'ensemble des qualités militaires qui ressortent du récit du combat livré par Alvensleben. Le chef n'a pas la même vigueur ; les inférieurs, moins bien dirigés, tâtonnent dans l'exécution. Les attaques, mal combinées, mal liées entre elles, aboutissent soit à un émiettement sans résultat, soit à des échecs parfois fort graves.

Malgré tout, dans les opérations décousues de ce corps d'armée, on retrouve comme dominante, outre le sentiment profond de la confraternité d'armes, une volonté bien arrêtée de prendre toujours et quand même l'offensive, sur le terrain de la bataille, pour en imposer à l'adversaire.

3° Les IXe et VIIIe corps (1).

Ordres des deux corps pour la journée du 16. Croisements inévitables. — Le IXᵉ corps devait, dans la journée du 16, se porter des environs de Verny, en deux colonnes, sur Corny (25ᵉ division) et Arry (18ᵉ division et artillerie de corps). Le VIIIᵉ corps avait l'ordre de former également deux colonnes, la 16ᵉ division marchant de Chesny sur Arry, la 15ᵉ division de Buchy à Lorry. Un coup d'œil jeté sur la carte montre que tous deux devaient certainement se croiser dans leur marche, si le mouvement n'était pas réglé avec précision par l'autorité supérieure.

La Iʳᵉ armée ne manqua pas d'aviser le Grand État-Major des difficultés sérieuses auxquelles elle allait se heurter. Moltke se rendit compte de l'oubli dont il était le premier responsable; dans le but de le réparer, il donna l'ordre au IXᵉ corps de passer devant le VIIIᵉ et de franchir la Moselle, ou tout au moins de serrer sur cette rivière dans la journée du 16.

Cette rectification, d'ailleurs incomplète, puisqu'elle ne réglait pas les heures de départ, ne parvint pas en temps utile aux éléments intéressés. Des croisements nombreux vinrent augmenter la fatigue des troupes exténuées par une marche pénible, sous un soleil de

---

(1) Les circonstances sont telles qu'une étude simultanée des opérations de ces deux corps est indispensable, bien qu'ils appartiennent à deux armées différentes.

plomb. Les unités se succédèrent au hasard dans les colonnes, selon que leur mouvement était plus ou moins gêné et d'après le moment de leur arrivée sur la route de marche.

En fin de compte, dans l'ensemble, le IX⁰ corps était devancé par la 16⁰ division, pendant que la 15⁰, marquant le pas, ne pouvait le suivre qu'assez tard dans l'après-midi.

De semblables dispositions échappent évidemment à toute critique.

Le VIII⁰ corps. Gœben autorise la 16⁰ *division à marcher au canon.* — A midi et demi, la 16⁰ division, aux ordres du général von Barnekow, réduite à une brigade d'infanterie et trois batteries (1), arrivait enfin, non sans fatigue, sur la hauteur à l'Est d'Arry. La canonnade retentissait avec violence dans la direction de Gorze. « Tout le monde, dit l'Historique du 72⁰, eut cette « impression qu'il était urgent de porter secours aux « troupes engagées. » Mais, avant que Barnekow se fût décidé pour la continuation du mouvement, un officier d'état-major, le major Bumke, lui apportait l'ordre de marcher, par Corny, vers le théâtre de l'action.

Bumke avait, dans la matinée, déployé une grande activité. Détaché pour reconnaître le pont de Novéant, il trouvait ce point de passage intact, mais percevait, vers le Nord-Ouest, le bruit d'un violent combat. Il revint alors à toute bride à Lorry, où Gœben (2) et son état-major s'étaient installés pour déjeuner, et rendit compte de ses impressions.

« Cette canonnade ne signifie rien, déclara le géné-« ral. Moltke m'a dit hier qu'il ne s'attendait à rien de « sérieux sur la rive gauche avant demain..... Je ne

---

(1) Le reste de la division détaché sur Thionville, le 13, n'avait pas encore rejoint.

(2) Général von Gœben, commandant le VIII⁰ corps.

« m'oppose pas à la continuation du mouvement du
« général von Barnekow par Corny. Plus il marchera
« aujourd'hui, moins il aura à faire demain..... »

Gœben ne se rend pas sur le champ de bataille. —
Ainsi, petit à petit, l'idée préconçue de Moltke se répandait dans les états-majors subordonnés. Tout le monde
y comptait sur la retraite rapide des Français. Cela est si
vrai que Gœben, croyant à un combat sans importance,
ne se rendit pas sur le champ de bataille où devait
combattre une partie de son corps d'armée. « Il voulait,
« déclara-t-il par la suite, laisser à son lieutenant l'hon
« neur de la journée. »

Ce fut encore le major Bumke qui revint à Arry pour
transmettre à Barnekow, comme nous l'avons vu, l'ordre
de continuer sur Corny. Sa mission terminée, il se dirigea
sur le champ de bataille où il fut rejoint par le chef
d'état-major du VIIIe corps. Tous deux suivirent de près
la fin de la lutte et, dans la nuit, rendirent compte à
Gœben de ce qu'ils avaient vu.

Le général, surpris, regretta peut-être son inaction
personnelle et l'abnégation, assurément exagérée, dont
il avait fait preuve, en cédant à Barnekow tout l'honneur du combat.

Résumé de l'engagement de la 16e division. — Décrire
en détail l'engagement de la brigade Rex (division
Barnekow) nous entraînerait hors de notre sujet.
Elle vint renforcer la 5e division d'infanterie et fit de
louables efforts pour déboucher de la région des bois de
Saint-Arnould. Mais, de ce côté, où rien de décisif ne
pouvait se produire, toutes les tentatives devaient être
vaines. Les pertes subies restèrent hors de proportion
avec les résultats obtenus. Le soir, la 16e division bivouaqua près du IIIe corps. La 15e division et l'artillerie de
corps s'installèrent pour la nuit, partie à Lorry, partie à
Vezon. Elles ne pouvaient songer à pousser de l'avant
ce jour-là, car les colonnes du IXe corps les précédaient,

encombrant les ponts sur lesquels le défilé se poursuivait sans interruption.

Le IXe corps. La 18e division est avisée de la situation par le commandant du VIIIe corps. — Dès que Gœben eut connaissance du combat engagé au delà de Gorze, il avisa de la situation l'état-major de la 18e division (IXe corps) qui, précisément, venait de s'installer à Lorry. Le général von Wrangel, commandant la division, n'avait, à midi, qu'un seul régiment disponible, le 11e grenadiers, déjà arrivé près d'Arry. Le gros de la colonne, très retardé, avançait péniblement fort en arrière. Wrangel, on ne sait trop pourquoi, donna l'ordre au 11e grenadiers de suivre sur Corny la division Barnekow, *pour garder le pont suspendu de Novéant.*

Cette mission secondaire ne convenait guère au colonel von Schœning, homme intelligent et résolu, capable de comprendre que, pour le moment, il avait mieux à faire. A peine le pont franchi, il rejoignait Barnekow et sollicitait l'autorisation de le suivre avec tout son régiment. Le général hésita quelque temps ; il ne se souciait pas de risquer un conflit en disposant d'une fraction qui, somme toute, n'appartenait même pas à la Ire armée. Toutefois, il dut penser que sa division, réduite à la seule brigade Rex et quelques batteries, ne devait pas négliger l'appoint d'excellentes troupes ; il estima peut-être aussi, avec raison, qu'un régiment constituait une force beaucoup trop importante pour la garde d'un ouvrage d'art non menacé. En fin de compte, il accorda l'autorisation demandée.

Schœning réunit aussitôt ses officiers et les mit au courant de la situation, par quelques mots qui montrent avec quelle allégresse il allait à l'encontre des ordres reçus : « Un combat violent, leur dit-il, vient d'éclater « près de Gorze..... J'ai la mission de garder le pont « de Corny. Je me joins à la brigade Rex et vais au « combat ! »

Après le débouché de cette colonne sur le terrain de l'action, le 11e grenadiers, d'abord maintenu en réserve, ne tardait pas à recevoir l'ordre d'appuyer la brigade Rex, fortement engagée. Par une bizarre coïncidence, Schœning fut avisé, au même moment, que le commandant du IXe corps n'approuvait nullement sa conduite et lui enjoignait de rallier au plus tôt le bivouac de la 18e division. Dans cette pénible situation, ses hésitations ne furent pas longues :

« En avant! s'écria-t-il. Dieu soit avec nous! » Et il lança ses bataillons dans la mêlée. Blessé à mort dans ce combat, où le 11e grenadiers perdit le tiers de son effectif, il eut le courage de dicter, avant de mourir, un mémoire détaillé pour expliquer et justifier sa conduite

Erreur de Manstein, qui interprète mal la situation. — Si le général commandant le IXe corps s'était fait une idée exacte de la situation, il n'eût certainement pas soumis le colonel von Schœning à une aussi rude épreuve. Mais Manstein, comme Moltke, comme Frédéric-Charles, comme Gœben, ne croyait pas qu'une lutte sérieuse pût être entamée le 16 août. A ceux qui lui rendirent compte de la violente canonnade entendue dans la direction de Gorze, il déclara que cela ne signifiait rien, qu'il s'agissait tout au plus d'un engagement un peu vif entre l'artillerie d'Alvensleben et les canons des ouvrages de la place (!).

Lorsqu'un peu plus tard il reçut du prince Frédéric-Charles l'invitation de faire franchir la Moselle à tout le IXe corps d'armée (1) et de porter son quartier général à Corny le jour même, il se crut autorisé à fixer l'heure

---

(1) Cet ordre arrivait à Sillegny à 11 heures ; il répondait aux dispositions indiquées par Moltke, le 16, de bonne heure, pour éviter les croisements de colonnes ; il est difficile de savoir exactement quelles prescriptions furent données aux deux divisions pour l'exécuter ; les témoignages diffèrent sur ce point.

du départ de son état-major après le dîner (1), estimant qu'il n'était point nécessaire de se hâter mal à propos. Cette disposition présentait le sérieux inconvénient de tenir, pendant la plus grande partie de l'après-midi, le quartier général du IXe corps très éloigné de la zone d'action du IIIe corps et, par suite, de la source même des renseignements.

Selon toute vraisemblance, Manstein n'eût point été prévenu en temps utile et le IXe corps n'eût point serré ce jour-là sur le IIIe, sans l'heureuse intervention du capitaine von Lignitz.

Rôle joué par le capitaine von Lignitz (2). — Cet officier, employé à l'état-major du corps d'armée, était parti le 16, de grand matin, pour rejoindre le quartier général de l'armée à Pont-à-Mousson. Sa mission se réduisait à remettre au prince Frédéric-Charles la copie de l'ordre de mouvement et à réclamer la spécialisation des routes de marche et la désignation de points de passage sur la Moselle pour les 18e et 25e divisions. En fait, Lignitz, donnant à son rôle une grande extension, sut, par son activité, rendre des services signalés à son général et à l'armée allemande.

Il était à peu près midi et demi lorsque le capitaine reçut du prince Frédéric-Charles un ordre concernant le IXe corps, avec invitation d'en assurer la transmission d'urgence au général von Manstein. Cet ordre, dicté à la réception de la première dépêche d'Alvensleben, portait que le IIIe corps poursuivait l'ennemi, en retraite sur Thionville (?), et prescrivait, en conséquence, au IXe corps de prolonger sa marche au delà de la Moselle pour continuer, le 17, sur Mars-la-Tour, et couvrir, face à Metz, les troupes chargées de la poursuite.

---

(1) Le dîner était fixé à 3 heures.

(2) Le capitaine von Lignitz, aujourd'hui commandant du IIIe corps allemand.

Après avoir pris congé du prince, Lignitz s'oriente sur Corny où il espère trouver le quartier général du IXe corps (1). Estimant qu'un officier n'est pas une simple estafette, il reconnaît en marchant les points de passage de la Moselle.

Il trouve, à sa grande surprise, le pont de Corny-Novéant encore intact et constate qu'un second pont, jeté près d'Arry, suffirait pour donner aux colonnes du IXe corps les moyens de déboucher sur la rive droite du cours d'eau. Par hasard, en face de lui, près de Corny, une compagnie de pontonniers stationne au repos. Il explique au commandant de l'unité la situation d'ensemble et le décide à porter sa compagnie sur Arry pour improviser des moyens de passage à hauteur de cette localité. Au même moment, Lignitz apprend que le quartier général du corps d'armée n'a pas encore atteint Corny; il détache aussitôt un courrier au général von Manstein, pour l'aviser des ordres donnés par le prince et lui faire connaître le résultat de sa reconnaissance des points de passage de la Moselle. Jusque-là, Lignitz avait opéré avec intelligence et activité, tout en se maintenant dans les limites de son véritable rôle; mais il ne devait pas tarder, selon la tendance générale des officiers d'état-major prussiens, à empiéter sur les attributions dévolues au commandement.

A ceux qu'il croise près du pont de Novéant, au colonel von Schœning, au prince de Hesse, commandant la 25e division, il développe la pensée du commandant en chef de la IIe armée et affirme que le IXe corps doit prolonger sa marche au delà du cours d'eau. Après leur avoir fait remarquer la violence de la lutte d'artillerie vers Gorze, il les invite à porter leurs troupes en avant,

---

(1) D'après l'ordre donné par le prince Frédéric-Charles dans la matinée. (Voir plus haut.)

sans ordre préalable. Schœning, nous le savons, était, par avance, décidé à suivre la brigade de Rex, du VIIIᵉ corps. Il n'hésita pas un seul instant. Le prince de Hesse, qui connaissait mieux le caractère de Manstein, réfléchit plus longuement, mais, à son tour, finit par se décider, tant était grande la confiance des généraux allemands à l'égard des officiers d'état-major, qu'ils considéraient comme les représentants de l'autorité supérieure.

Ordres donnés à 3 h. 1/2 par Manstein. — Cependant, après la réception du rapport de Lignitz, qui résumait avec précision les ordres du prince Frédéric-Charles, le commandant du IXᵉ corps, persistant dans son idée première, ne croyait pas encore qu'une action importante se fût engagée au Nord de Gorze. A 3 h. 1/2, il dictait un ordre qui ne contenait aucun renseignement sur l'ennemi, et ne faisait même pas allusion à la nécessité de franchir promptement la Moselle. Aux termes de cet ordre, le corps d'armée devait poursuivre son mouvement après avoir mangé la soupe, la 18ᵉ division passant à Arry, la 25ᵉ à Novéant. Le quartier général se transportait d'urgence à Corny.

En entrant dans ce dernier village, Manstein se rencontra avec le capitaine von Lignitz, qu'il n'avait pas vu depuis le matin. Comme ce dernier voulait compléter son premier rapport, le général l'arrêta aussitôt et s'écria avec colère : « Je sais déjà cela; où est le 11ᵉ gre- « nadiers? Où est le prince de Hesse? » La réponse de Lignitz eut pour effet de porter au plus haut point la fureur de Manstein. Le général éclata en violents reproches et fit comprendre sans ménagements au malheureux officier qu'il désapprouvait absolument sa conduite.

Manstein se rend compte de la situation. — Le commandant du IXᵉ corps n'eut une notion exacte de la situation qu'un peu plus tard, lorsqu'il déboucha de sa

personne sur le théâtre de la lutte, après avoir rejoint
l'avant-garde de la 25ᵉ division. L'heure tardive du com-
mencement du passage de la Moselle ne permettait plus
qu'à une faible partie de cette division de prendre part
à la bataille. Manstein fit, du moins, tous ses efforts pour
presser la marche de ses colonnes, marche qui se prolongea pendant toute la nuit. Le 17, à l'aube, la 25ᵉ division était au bivouac, près de Gorze; la 18ᵉ à Arnaville;
prêtes toutes deux à appuyer le IIIᵉ corps.

Résumé. — En résumé, les gros, ralentis par les nombreux croisements de colonnes, n'arrivèrent pas à serrer,
le 16, en temps opportun. Grâce à l'activité de Lignitz
et à l'initiative du colonel von Schœning et du prince
de Hesse, sept bataillons et deux batteries purent néanmoins entrer en ligne dans la soirée.

Par contre, Manstein, influencé par les ordres primi-
tifs de Moltke et de Frédéric-Charles, n'admettait pas la
possibilité d'une rencontre sérieuse pour le 16. Son
erreur se prolongea longtemps, parce qu'il négligea de
se relier au IIIᵉ corps et qu'il tint son quartier général
trop en arrière pendant une grande partie de la journée.

Dès qu'il eut connaissance de la position critique
dans laquelle se trouvait Alvensleben, il s'empressa,
comme Voigts-Rhetz, d'obéir au sentiment de la confraternité d'armes et au principe de l'union des forces
sur le terrain de l'action. Il sut même reconnaître, le
premier moment d'humeur passé, l'importance des services rendus par Lignitz, et répara son injustice involon-
taire en faisant accorder au jeune capitaine la première
croix de fer dont il pût disposer.

4° **Les autres corps d'armée. — L'état-major de la IIᵉ armée. —**
Le Grand État-Major.

Il serait peu intéressant, au point de vue qui nous
occupe, de suivre pas à pas les mouvements des corps

non engagés. Les croquis 3 et 4 donnent une idée d'ensemble des marches exécutées le 16. Mais, avant de conclure, il reste à étudier sommairement les résolutions prises pendant et après la bataille à l'état-major de la IIe armée et au grand quartier général.

Les états-majors de la IIe armée. — Les appréciations du prince Frédéric Charles, relatives à la situation générale, s'étayaient, comme on sait, sur l'hypothèse singulièrement risquée d'une retraite précipitée de l'armée française vers la Meuse. Pendant toute la matinée du 16, le commandant de la IIe armée resta convaincu de la justesse de son opinion. C'est à peine s'il eut un instant l'idée de faire recouper par sa cavalerie les routes d'Etain et de Briey. L'ordre tardif lancé à ce sujet ne pouvait plus donner, *ce jour-là*, un résultat appréciable.

Les dépêches remises au quartier général de Pont-à-Mousson, entre 9 heures et 10 heures du matin, provenaient d'autres sources (1). Elles mentionnaient la présence, à l'Ouest de Metz, de gros bivouacs français couverts à Vionville par des avant-postes.

Un peu plus tard, le commandant de la IIe armée reçut le rapport d'Alvensleben, daté du 16, à 10 h. 1/2 du matin, signalant l'existence de camps ennemis à Vionville et Rezonville, et indiquant Thionville comme direction de retraite des Français. Le prince ne songea pas un instant à mettre en doute l'indication fournie par celui de ses lieutenants qui lui semblait, à tous les points de vue, le plus digne de confiance. Mais, estimant, lui aussi, qu'il s'agissait d'une simple arrière-garde prête à se replier vers le Nord, il admit, conformément à son appréciation antérieure, que le gros de l'armée française achevait sa retraite derrière la Meuse.

---

(1) Widdern néglige de les citer.

Il ne pouvait soupçonner que le commandant du IIIe corps, trompé par la première phrase de l'ordre d'armée pour le 16 (1), cédait à une idée préconçue et commettait une erreur complète. Par un phénomène assez curieux, bien que très naturel, le prince Frédéric-Charles subissait à son tour l'influence du général von Alvensleben. Ces deux esprits supérieurs réagissaient inconsciemment l'un sur l'autre.

Ordres donnés aux corps de la IIe armée pour le 17 août. — Les considérations précédentes font ressortir les motifs qui servirent de base à l'élaboration des ordres donnés aux corps de la IIe armée pour le 17 août.

Dans la matinée, probablement après l'arrivée des premiers renseignements, un ordre général d'opérations fut préparé, dans le but d'assurer la continuation du mouvement général vers la Meuse. L'éventualité de l'emploi des corps d'aile droite, groupés en vue d'une poursuite directe, était marquée avec netteté. A cet effet, le général von Voigts-Rhetz eut l'autorisation de réunir sous ses ordres, dans le cas d'un engagement sérieux, les Xe, IIIe et IXe corps.

Un peu plus tard, au reçu de la dépêche d'Alvensleben, le prince Frédéric-Charles, bien décidé à poursuivre la manœuvre commencée, crut devoir maintenir son projet primitif, amendé seulement dans les détails. En conséquence, les instructions suivantes furent adressées aux IIIe et IXe corps :

1° *IIIe corps.* — « Le IIIe corps, tant que l'ennemi se « repliera devant lui, devra poursuivre en avançant « l'aile gauche. Liaison intime avec le Xe corps. Demain, « à midi, le IXe corps, à Mars-la-Tour, assurera la sécu- « rité du flanc droit, face à Metz, et servira éventuel- « lement de soutien aux deux autres. »

---

(1) L'armée ennemie est... en pleine retraite vers la Meuse.

2° *IXᵉ corps.* — « Le IIIᵉ corps poursuit aujourd'hui,
« depuis 10 heures, les fractions ennemies qui se retirent
« de Vionville sur *Thionville.* Ce corps d'armée est invité
« à continuer sa poursuite, de manière à investir l'en-
« nemi dans Thionville ou à l'acculer à la frontière
« belge.

« Il est important que le IXᵉ corps occupe rapidement
« Mars-la-Tour, pour couvrir dès aujourd'hui le flanc
« droit du IIIᵉ et surtout lui servir éventuellement de
« soutien. »

Les corps d'aile gauche de la IIᵉ armée reçurent simplement l'ordre préparé pour le 17, qui leur prescrivait
de continuer leur route vers l'Ouest.

Ces instructions, si graves comme conséquences,
étaient déjà expédiées lorsque le Prince eut enfin connaissance du danger couru par le IIIᵉ corps. Alvensleben, absorbé par la direction d'un combat difficile,
n'avait pas songé à prévenir son commandant d'armée.
L'importante nouvelle provenait de la 20ᵉ division, en
route de Thiaucourt sur Tronville. Le Prince, aussitôt
averti, monta à cheval et se rendit par Gorze sur le
champ de bataille, qu'il atteignit vers 4 h. 1/2 dans la
zone d'action de la 5ᵉ division, non loin du bois de
Saint-Arnould (1).

*Résolution prise par Frédéric-Charles sur le champ de
bataille.* — En général exercé, il se rendit compte du
premier coup d'œil de l'importance et de la nature spéciale de l'engagement. Il décida qu'il fallait continuer
avec vigueur l'action offensive entamée par le IIIᵉ corps,
afin de tromper l'adversaire sur les forces allemandes
mises en jeu. A l'aile droite, la nature du terrain
s'opposait à tout progrès sérieux des troupes prus-

------

(1) De 3 heures à 4 h. 1/2, le Prince parcourut 21 kilomètres, soit
une moyenne de 14 kilomètres à l'heure.

siennes. De ce côté, d'ailleurs, on ne pouvait gêner qu'indirectement les corps français désireux de reprendre leur mouvement de retraite vers l'Ouest. A tous les points de vue, il convenait donc de prononcer par l'aile gauche l'attaque projetée.

Le raisonnement ne manquait pas de justesse, mais le commandant de la II⁰ armée, cédant à l'impulsion de son tempérament nerveux et à sa vive imagination, passa à l'exécution sans s'arrêter au calcul des moyens dont il pouvait disposer. C'est ainsi qu'à deux reprises différentes il ordonna l'attaque, d'abord à la 20⁰ division, vers 5 h. 1/4, puis à tout le X⁰ corps, appuyé par la 6⁰ division de cavalerie, vers 7 heures du soir.

Or, l'étude du combat du X⁰ corps montre qu'à l'heure où les prescriptions du prince Frédéric-Charles parvinrent à destination, les 19⁰ et 20⁰ divisions n'étaient plus en état de les exécuter. A 5 h. 30, la 20⁰ division disposait tout au plus de quatre bataillons frais. Des deux brigades de la 19⁰, l'une, la 37⁰, combattait depuis midi au milieu des troupes du III⁰ corps (1), l'autre, la 38⁰, venait de subir un échec grave au Nord de Mars-la-Tour et ses débris fuyaient épars sur Thiaucourt ou Tronville.

L'attaque prescrite à 7 heures fut seulement dessinée à la tombée de la nuit par la 6⁰ division de cavalerie et quelques fractions du III⁰ corps. Mais cet effort tardif n'était plus assez vigoureux pour produire un effet appréciable.

Après la bataille, le commandant de la II⁰ armée, déployant jusqu'à la fin une indomptable énergie, expédia aux troupes l'ordre d'installer les bivouacs sur le terrain même de l'action; puis, dominé par l'idée de recommencer la lutte coûte que coûte, il prit les dispo-

---

(1) Détachements Lehmann et Lyncker.

sitions nécessaires pour grouper, le 17, les forces dispersées de la IIe armée.

Moltke a connaissance des événements. Sa décision. — Dans la soirée, des prescriptions de même nature étaient d'ailleurs adressées par le Grand État-Major au quartier général de la Ire armée. Dès leur arrivée à Pont-à-Mousson, vers 4 h. 1/2, le Roi et le général de Moltke avaient été avisés, par les soins du lieutenant-colonel von Caprivi, de la gravité des événements survenus à Vionville le 16, entre 9 et 10 heures du matin. A cette nouvelle inattendue, le généralissime dut éprouver une certaine surprise, mais ne perdit pas son sang-froid.

D'après un récit anecdotique, Moltke aurait même fait, à la lecture du compte rendu, une réflexion qu'il est intéressant de signaler : « Quand bien même, aurait-il « dit, nous serions battus, il n'y aurait pas grand mal, à « la condition de réussir, dans une retraite devenue « nécessaire, à attirer à nous une grande partie des « forces ennemies ». Moltke eut-il réellement, en cet instant critique, l'idée d'une manœuvre basée sur la retraite du IIIe corps, manœuvre qu'il n'avait, en tout cas, ni prévue, ni préparée ? Il est permis d'en douter, si l'on s'en rapporte au texte de sa correspondance.

Le chef d'état-major songea, tout au plus, à profiter de la résistance des troupes engagées pour effectuer, le 17, une *concentration partielle* des éléments des deux armées les plus rapprochées du champ de bataille. Il est certain qu'il n'eut pas en sa possession, dans la soirée du 16, des données complètes et exactes sur les événements du jour. Il croyait au choc du IIIe corps contre une fraction plus ou moins forte de l'armée française et ignorait l'engagement total des diverses fractions du Xe corps.

Néanmoins, bien que mal orienté sur la situation, il fit preuve d'un grand esprit de suite, en conservant toujours le même plan directeur. Étant donné les circonstances, il considéra la continuation de la marche vers l'Ouest comme secondaire et ne perdit pas un seul instant de vue son idée maîtresse qui consistait à couper l'ennemi de Paris et à le rejeter vers le Nord (1).

Instructions aux deux armées pour le 17. — Une demi-heure après l'arrivée du courrier détaché par le lieutenant-colonel von Caprivi, l'ordre ci-après était expédié à la Ire armée : « L'ennemi, qui abandonnait Metz, a été « attaqué aujourd'hui à Rezonville par le IIIe corps. Le « X^e corps, qui allait vers l'Ouest, est rappelé. En vue « de couper de *Châlons à Paris* et de *rejeter vers le* « *Nord* l'ennemi qui se présente avec *des forces sé-* « *rieuses* (2), Sa Majesté le Roi ordonne que les deux corps « disponibles de la Ire armée franchissent la Moselle, « immédiatement après les troupes du IXe corps.....

« La direction ultérieure des VIIe et VIIIe corps sera « réglée par le commandement de l'armée, de manière « à les amener le plus rapidement possible au contact « de l'ennemi (3). »

De son côté la IIe armée recevait la note suivante datée du 16 août, 8 heures du soir :

« La Ire armée est avisée d'avoir à faire franchir la « Moselle, demain matin, par les troupes des VIIe et « VIIIe corps qui suivront le IXe corps.....

« Une disposition pour les Ire et IIe armées réglera « plus tard la continuation du *mouvement vers l'Ouest.*

---

(1) G. G. écrit, dans ses essais de critique militaire (1890) : « Heu - « reusement Moltke avait plus de clairvoyance. En arrivant à Pont-à- « Mousson, dans l'après-dînée, il jugeait immédiatement de l'importance « de la bataille engagée ». En réalité, Moltke, comme le démontrent les ordres qui suivent, croyait que le IIIe corps n'avait devant lui qu'une partie plus ou moins forte de l'armée française.

(2) « Bedeutenden. »

(3) Le Roi ne fait allusion, dans cet ordre, qu'à l'entrée en ligne des IIIe, X^e et IXe corps de la IIe armée, soutenus par les deux corps disponibles de la Ire armée.

« Pour le moment *la tâche la plus importante consiste* à
« rejeter vers le Nord, en la coupant de Paris, *la plus*
« *grande fraction possible* dé l'armée ennemie et éven-
« tuellement à l'acculer contre la frontière luxembour-
« geoise.

« *Le reste* (1) *de la II*ᵉ *armée s'arrêtera, au repos.* Il
« suffira de tenir les passages de la Meuse par des pointes
« d'avant-garde. »

Un peu après l'expédition de cette note, le Grand
État-Major reçut des rapports de la IIᵉ armée : le
IIIᵉ corps s'était heurté à des forces ennemies si considérables, que le Xᵉ corps se portait tout entier au secours
d'Alvensleben. En cet instant décisif, Moltke ne croyait
pas encore à la nécessité de prescrire une concentration
générale. Il augmentait seulement le nombre des éléments destinés à serrer sur le IIIᵉ corps.

« ..... *Plus le III*ᵉ *corps a de forces ennemies en*
« *avant de lui, plus grand sera notre succès demain,*
« alors que les Xᵉ, IIIᵉ, IXᵉ, VIIᵉ, VIIIᵉ et même XIIᵉ
« corps seront disponibles pour l'action..... *Les corps*
« *non employés feront halte.* Une marche rapide vers la
« Meuse paraît d'un intérêt secondaire. »

. . . .

Le détail des événements ne fut porté à la connaissance du généralissime qu'assez tard dans la soirée, au
retour du lieutenant-colonel Bronsart von Schellendorf,
détaché le matin auprès du IIIᵉ corps.

Cet agent du Grand État-Major ne paraît pas avoir
déployé, dans les combats du 16, une activité compa-
rable à celle dont fit preuve le lieutenant-colonel von
Brandenstein pendant la journée du 14 août (2).

---

(1) Donc les XIIᵉ, Garde et IVᵉ corps, puisque Moltke nommait le
IXᵉ corps et savait déjà que le IIIᵉ et une partie du Xᵉ étaient au feu.
Le IIᵉ corps était encore loin en arrière.

(2) Voir *La Journée du 14 août 1870 d'après Cardinal von Widdern*,
par le Capitaine HALLOUIN, page 17.

Néanmoins, les renseignements qu'il apporta précisèrent les faits avec une netteté suffisante pour décider le Roi à se rendre le 17 au matin, par Gorze, sur le terrain de l'action. En débouchant au Nord du ravin, le chef d'état-major put enfin se rendre compte, *de visu*, de l'importance de la lutte. Les pertes des Prussiens s'élevaient à 16,000 ou 17,000 hommes ; le IIIe corps, qui, presque seul, avait supporté tout l'effort du combat, comptait 7,000 morts ou blessés. L'affaissement physique et moral des troupes engagées le 16 était si manifeste que le Roi résolut, avant d'agir, d'attendre l'exécution des ordres donnés pour la concentration de toutes *les forces disponibles*.

MOUVEMENTS DES VIII°, IX°, III° ET X° CORPS DU 14 AU 16 AOUT

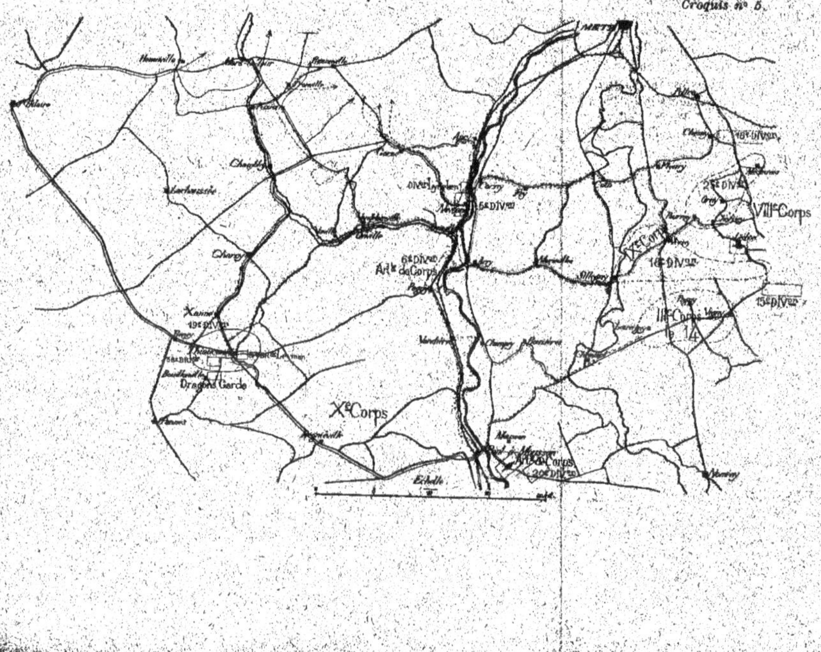

III

APPRÉCIATIONS D'ENSEMBLE
CONCLUSIONS

La bataille resta indécise : 1° *au point de vue tactique.*
— Au moment où le Roi prenait la résolution de
retarder, jusqu'au 18, la partie décisive, les Allemands
se gardaient bien de croire au succès.

Plus tard leurs idées se modifièrent. La Section historique du Grand État-Major fit le pointage exact des posi-
tions occupées de part et d'autre, au début et à la fin
de la bataille ; il découvrit alors que les divisions allemandes avaient, dans la journée, gagné quelques mètres
de terrain. Dans les relations officielles on considéra
comme des troupes victorieuses et à peine entamées les
éléments des IIIe et X^e corps, exténués par une lutte
acharnée contre un ennemi supérieur et si affaissés, au
point de vue moral, qu'il fut indispensable de les laisser
au repos pendant toute la journée du 17 (1). En réalité,
pour tout homme de bonne foi, le combat resta indécis
au point de vue tactique.

2° *Au point de vue stratégique.* — Au point de vue
stratégique, un résultat était acquis. L'armée française,
momentanément arrêtée dans son mouvement de retraite,
s'était déployée *tout entière*, face au Sud, et subissait de

---

(1) « Le IIIe corps n'était nullement épuisé comme la légende voudrait
le faire croire. » (Mémoires du général von Alvensleben, Monographies,
de l'état-major prussien, fascicule 18.)

ce chef un sérieux retard. Ce résultat était dû, non pas aux habiles dispositions du généralissime, mais à l'initiative heureuse, quoique téméraire, d'Alvensleben.

En fait, par suite des circonstances, le IIIe corps, sans invitation d'en haut, avait joué le rôle d'avant-garde générale, vis-à-vis des armées allemandes. Des manœuvres de cette nature, fort communes dans les guerres napoléoniennes, ont conduit autrefois et pourront conduire encore, dans l'avenir, aux succès les plus brillants.

Mais, pour réussir dans ce genre d'opérations toujours difficiles, il faut que le général en chef *dispose le gros de ses forces* de manière à profiter à temps de la manœuvre si délicate de l'avant-garde générale. Napoléon était passé maître pour ces sortes d'arrangements. Nul mieux que lui ne savait placer son armée en vue d'une combinaison déterminée. C'est qu'il *préméditait* sa manœuvre ou tout au moins qu'il la *prévoyait*.

Cet art supérieur échappait à Moltke. Il n'avait certainement pas *prémédité* l'opération du 16. En effet le chef d'état-major du Roi et Frédéric-Charles, basant tous leurs mouvements sur une évaluation inexacte des résultats matériels et moraux des combats du 14, songeaient surtout à récolter les fruits d'une victoire imaginaire et à poursuivre un adversaire qu'à tort ils croyaient démoralisé.

L'action d'une masse, destinée à frapper, le cas échéant, l'ennemi fixé par le IIIe corps, n'entrait même pas dans les prévisions du généralissime et l'improvisation, en *temps opportun*, d'une manœuvre de cette nature devenait impossible, en raison du dispositif défectueux adopté par la IIe armée, pour la marche du 16 août.

Dans la réalité, tout se réduisit, comme nous l'avons vu, à la concentration tardive et quelconque, le 16 au soir et le 17, de toutes les forces allemandes marchant soit d'elles-mêmes, soit par ordre, pour soutenir le IIIe corps, exposé dans des conditions difficiles aux coups d'un ennemi supérieur.

Il est certain que, le 17, Bazaine put se retirer librement sous Metz; il est probable qu'une retraite derrière l'Orne eût été également possible, et que, dans ce cas, l'action se fût réduite, dans la matinée du 18, à des combats d'arrière-garde. En un mot, la bataille du 16 resta *indécise* au point de vue des conséquences stratégiques, comme elle l'était au point de vue tactique.

Certes, la fortune favorisa les Allemands. D'elles-mêmes, les erreurs commises par eux se compensèrent, grâce à d'heureuses circonstances et à la mollesse du commandement adverse. Toutefois, il serait à la fois injuste et ridicule d'attribuer leurs brillants succès au seul hasard.

Une bonne part doit en être rapportée d'abord au talent déployé par Moltke, dans la préparation de la guerre et dans l'instruction des officiers d'état-major; en second lieu, à l'énergique activité, à l'initiative, à l'esprit de solidarité des généraux subordonnés.

Les talents, il est vrai, étaient divers. Alvensleben, Voigts-Rhetz, Manstein, Gœben ne se ressemblaient pas; et Widdern, dans ses courtes notices, fait ressortir, parfois avec esprit, souvent avec une naïveté charmante, les qualités et les défauts de ses anciens chefs. Il porte, inconsciemment peut-être, une main sacrilège sur le monument légendaire élevé par le Grand Etat-Major prussien à la gloire des armes allemandes. Mais, vus sous leur vrai jour, ces généraux n'apparaissent pas amoindris.

Ce n'étaient pas, comme la relation officielle voudrait le laisser supposer, des héros impeccables, des statues rigides, copiées sur un type unique d'idéale et surhumaine perfection. C'étaient des hommes sujets à l'erreur, différents les uns des autres par l'esprit et le caractère, mais tous décidés à dépenser leurs forces, à sacrifier leur vie et leur situation pour le triomphe de la cause commune.

Ils poussaient surtout jusqu'aux limites les plus extrêmes les conséquences du principe de la solidarité, non seulement entre camarades, mais encore entre chefs et subordonnés. C'est ainsi qu'ils considéraient les ordres, même les plus fermes, comme de simples indications répondant à des circonstances déterminées. Si la situation changeait, à l'insu de l'autorité supérieure, si un camarade se trouvait dans l'embarras, ils n'hésitaient pas à modifier d'eux-mêmes les prescriptions premières, à prendre sous leur responsabilité les mesures nécessitées par les événements.

D'ailleurs, ces bonnes volontés ne s'exerçaient pas au hasard. Un ensemble de principes universellement acceptés dans l'armée prussienne assurait la coordination des efforts individuels. Ces principes, puisés à la source si abondante des campagnes napoléoniennes, Clausewitz était arrivé à les codifier, à les mettre en formules ; Moltke sut les appliquer à des cas concrets, sur la carte et sur le terrain.

Tout le monde connaît l'origine, la vie et le caractère du chef du Grand État-Major allemand. D'un tempérament froid, d'un esprit méthodique, cet infatigable travailleur fut un instructeur merveilleux. Il sut former à son école un groupe d'officiers d'élite, capables de le comprendre et de transmettre, non seulement ses ordres, mais même ses pensées. Moltke était arrivé par l'étude à une connaissance approfondie de la guerre. Le coup d'œil infaillible, le génie intuitif des grands capitaines lui firent toujours défaut. Jamais il n'eut le droit d'appliquer à son adversaire ce mot de Napoléon : La partie n'est pas égale ; l'un des partenaires voit dans les deux jeux.

Par contre, au système de centralisation à outrance
du grand Empereur, il substitua la méthode d'une sage
division du travail ; aux ordres fermes, il opposa les
directives très larges, où il marquait seulement le but à
atteindre. Ce procédé de commandement était appliqué
dans l'armée allemande de la façon la plus étendue.
Quelques généraux, en petit nombre, jaloux de leur
autorité, comme Steinmetz ou Manstein, protestaient
encore et cherchaient à imposer l'obéissance stricte à la
lettre des instructions.

Ces tentatives entraînaient des frottements, même de
regrettables conflits. Mais ces restes du vieil esprit ne
pouvaient prévaloir contre une doctrine sanctionnée par
le Roi, enseignée officiellement dans les écoles. Cette
méthode, si peu appropriée au génie d'un Napoléon,
convenait au talent supérieur de Moltke, qui sut la mettre
en pratique avec un rare esprit de suite. Aujourd'hui,
elle a fait ses preuves ; elle a produit des résultats
féconds et durables. Les Allemands l'appliquent avec
conscience et en parlent avec enthousiasme. Widdern,
après en avoir exposé les sérieux avantages, emprunte
même la langue des poètes pour chanter l'esprit d'initiative de ses devanciers :

« Brûle toujours, ô flamme sacrée, et puisses-tu ne
jamais être éteinte ! »

Sur un mode moins lyrique, on doit constater que
l'initiative, l'esprit de solidarité et la volonté de vaincre
à tout prix, manifestés dans la journée du 16 août par la
plupart des généraux allemands et de leurs sous-ordres,
contribuèrent puissamment à leur éviter, sinon un
désastre posssible, du moins un échec à peu près
certain. Les conséquences devaient être d'une portée
incalculable.

PARIS. — IMPRIMERIE R. CHAPELOT ET C⁰, 2, RUE CHRISTINE.

PARIS. — IMPRIMERIE R. CHAPELOT ET Cᵉ, 2, RUE CHRISTINE.

www.ingramcontent.com/pod-product-compliance
Ingram Content Group UK Ltd.
Pitfield, Milton Keynes, MK11 3LW, UK
UKHW020023100726
13658UKWH00003B/1078